九龙坡机关幼儿园乐游课程

“慧探”科学

——幼儿园科学活动教学指导用书（小班）

刘丽 主编

西南师范大学出版社
国家一级出版社 全国百佳图书出版单位

图书在版编目(CIP)数据

"慧探"科学：幼儿园科学活动教学指导用书 / 刘丽主编. -- 重庆：西南师范大学出版社, 2021.2
ISBN 978-7-5697-0621-5

Ⅰ.①慧… Ⅱ.①刘… Ⅲ.①科学知识－学前教育－教学参考资料 Ⅳ.①G613.3

中国版本图书馆 CIP 数据核字(2021)第000559号

"慧探"科学——幼儿园科学活动教学指导用书
"HUITAN"KEXUE——YOU'ERYUAN KEXUE HUODONG JIAOXUE ZHIDAO YONGSHU

主　编 刘　丽
编　委 刘　颖　胡广萃　虞孝愚　邓　叶
廖萌盟　潘映竹　王敏力

责任编辑：鲁　艺　时曼卿
责任校对：雷　兮
装帧设计：魏显锋
排　　版：李　燕
出版发行：西南师范大学出版社
网址：http://www.xscbs/com
地址：重庆市北碚区
邮编：400715
印　　刷：重庆友源印务有限公司
幅面尺寸：185mm×260mm
印　　张：20.25
字　　数：203千字
版　　次：2021年6月 第1版
印　　次：2021年6月 第1次印刷
书　　号：ISBN 978-7-5697-0621-5
定　　价：128.00元(全三册)

目录

CONTENTS

小班上期科学活动

主题一 秋天的秘密

主题二 我的身体

主题三 有趣的滚动

主题四 动物朋友

小班下期科学活动

主题一 春天来了

主题二 我们爱探究

主题三 鱼儿游游游

主题四 身边的电器

课程说明

课程是实现幼儿园教育目的的手段，是帮助幼儿获得有益的经验、促进其身心全面和谐发展的各种活动的总和。因此，幼儿园课程在幼儿园教育中有着举足轻重的地位，也十分自然地成为幼儿园教育改革的重点。

随着幼儿园课程改革的深入，特别是近年来我们对学龄前儿童的特点和学前教育价值的进一步认识，我们在不断学习、不断反思的基础上，对幼儿园课程的特点、内容及组织形式有了深层次的理解。因此，以新的教育理念和课程观作为构建幼儿园课程的指导方针，就成为在幼儿园教育实践中广大幼教工作者的强烈需求。

如今，我国儿童科学教育无论在实践还是在研究领域，都处于一个相对薄弱的阶段。由于科学教育研究起步相对较晚，对科学教育的许多问题的研究尚处于起始阶段，一定程度上难以有效地为教育实践提供更为直接和具体的指导。在具体的科学实践中，广大的教育工作者也面临着诸多的困惑，常常在教学过程中感到不知所措，期待得到更多的引领和指导。正是基于这样的背景和基础，近年来，我园一直重视对科学活动的研究，试图弥补科学教育这块短板。

我们以培养幼儿良好的科学素养为目标，以小组学习共同体的形式，在全园尝试开展园本科学课程的研究。值得欣喜的是，在专家和领导的指导下，在教师自身的努力下，研究有效地激发了我园教师、儿童爱科学、学科学的热情，逐渐形成了内容较为广泛的、具有机关幼儿园特色的科学课程。

我园的“慧探”科学课程，旨在按照立德树人的要求培养幼儿的科学素养，为他们的继续学习和终身发展打好基础。

“慧探”科学课程是一门基础性课程。早期的科学教育对一个人的科学素养的形成具有十分重要的作用。通过“慧探”科学课程的学习，幼儿能体验科学探究的

过程，初步习得科学方法，逐步积累科学经验，形成积极、求真的科学探究习惯，为今后的学习、生活以及终身发展奠定良好的基础。

"慧探"科学课程是一门实践性课程。"慧探"科学课程把探究作为幼儿学习科学的重要方式，强调从幼儿熟悉的生活出发，通过幼儿动手动脑等实践活动，了解科学探究的具体方法和技能，理解基本的科学知识，发现和提出生活实际中的简单科学问题，并尝试用科学知识和方法予以解决。

"慧探"科学课程是一门综合性课程。理解自然现象和解决实际问题需要综合运用不同领域的知识和方法。"慧探"科学课程针对幼儿身边的现象，从有生命物质、无生命物质、自然科学现象、科学技术四个内容出发，综合呈现科学知识和科学方法，强调这四个方面的知识之间的相互渗透和相互联系，注重自然世界的整体性。同时，注重学习内容与已有经验的结合、动手与动脑的结合、知识学习与动手实践的结合、理解自然与解决问题的结合，促进幼儿的全面发展。

"慧探"科学课程以解决儿童生活中的具体科学问题为指向，从儿童生活中所遭遇的科学问题入手，利用儿童已有的日常科学概念或经验，通过解决生活中的具体问题让儿童学习科学、理解科学，并逐渐了解科学知识对于生活的意义。科学学习并不是把儿童带入茫茫无边的琐碎生活之中，而是将科学知识的学习和运用融入儿童的生活，让儿童在面对真实的科学问题时能不断地思考、不断地探究、不断地发现、不断地学习。

因此，"慧探"科学课程的理念是：生活处处有科学，科学处处有生活。

"慧探"科学课程的设计遵循《3—6岁儿童学习与发展指南》的基本精神，充分考虑幼儿的年龄特点与认知规律，反映国际、国内科学教育的最新成果，同时兼顾我园科学教育的实际情况。本课程把学前科学教育学习划分为小班、中班、大班三个学段。

"慧探"科学课程以培养幼儿科学素养为宗旨，涵盖科学知识、科学方法、科学态度三个方面的目标，每个方面都分为总目标和学段目标。"慧探"科学课程内容以幼儿能够感知的有生命物质、无生命物质、自然科学现象、科学技术中一些直观、典型的，幼儿有兴趣参与学习的重要内容为载体，让幼儿了解科学探究方法，培养幼儿对科学的兴趣和积极的探究品质。

“慧探”科学课程标准见表1：

表1 “慧探”科学课程标准

<table>
<tr><td rowspan="3">一</td><td rowspan="3">前言</td><td>课程性质：“慧探”科学课程是一门基础性、实践性、综合性的课程。</td></tr>
<tr><td>基本理念：生活处处有科学，科学处处有生活。</td></tr>
<tr><td>设计思路：“慧探”科学课程的设计遵循《3—6岁儿童学习与发展指南》的基本精神，充分考虑幼儿的年龄特点与认知规律，反映国际、国内科学教育的最新成果，同时兼顾我园科学教育的实际情况，把学前科学教育学习划分为小班、中班、大班三个学段。</td></tr>
<tr><td rowspan="2">二</td><td rowspan="2">课程目标</td><td>总目标：“慧探”科学课程的总目标是培养幼儿的科学素养。从科学的情感和态度、科学研究过程和方法、科学知识和经验三个方面阐述具体目标。</td></tr>
<tr><td>学段目标：根据幼儿的年龄特点和发展水平的不同，同样的主题核心点进行由表及里、由易到难、由现象到本质的渐进性变化。</td></tr>
<tr><td>三</td><td>课程内容</td><td>主要包含有生命物质、无生命物质、自然科学现象、科学技术四个领域。
有生命物质：动物、植物、人体。
无生命物质：日月星、水、空气、沙土石、人造物体、环境。
自然科学现象：声音、光、冷与热、电、力、磁、化学现象。
科学技术：电器等科学技术产品、科学技术与人的关系。</td></tr>
<tr><td>四</td><td>课程实施建议</td><td>教学目标建议：把握具体活动的教学目标与学段目标、课程目标的关系。
教学资源使用建议：依据不同班级的幼儿的不同状况，创造性地使用教材。
教学活动建议：开展探究式学习，真正支持幼儿的科学学习。</td></tr>
</table>

课程标准分别从科学的情感和态度、科学研究过程和方法、科学知识和经验三个方面阐述具体目标。

1.科学的情感与态度

幼儿科学教育旨在启蒙幼儿的科学素养，不应为追求知识和技能的掌握，而忽视幼儿科学情感和态度的培养。必须在科学教育过程中渗透情感教育，注重幼儿科学的情感和态度的培养，以求幼儿的情感与意识的发展，形成完整的人格。

古希腊有位哲人普罗塔哥拉曾说过：“头脑不是要被填满的容器，而是一把需要被点燃的火把。”作为教育者，用自己的火种点燃孩子生命的火花，注入饱满的情

怀,这是时代赋予的责任。

(1)好奇心和探究欲望。幼儿有认识自然现象的兴趣与探究科学真理的欲望,会主动求知。

(2)不怕困难。科学探究还需要有不怕困难、不轻言放弃、坚持探索的品质,这样才能更接近科学的实质。

(3)合作交流。乐于和同伴进行合作交流,互相学习,互相支持并提出合理的建议。

(4)关爱周围世界。环境恶化如此迅速的今天,在科学教育过程中引导幼儿关注周围世界,懂得保护环境、珍惜资源显得尤为重要。

2. 科学研究过程和方法

国外发达国家都非常注重研究过程,重视幼儿在研究过程中的自我建构和体验。尽管幼儿不能像科学家那样精准、严谨地开展科学研究,但是在这个过程中,幼儿能发现问题、提出假设,并用多种方法解决问题。这些都会深深地埋在幼儿心底,为今后幼儿走进科学、热爱科学、探索科学的奥秘打下坚实的基础。

基本的研究方法如下:

(1)观察。观察是一种有计划、有目的、有组织、比较持久的高级知觉过程。观察也是认识事物的基本方式和科学活动的主要形式。如,幼儿观察后,发现影子与光源照射的物体形状有关。

(2)比较。比较是指对两种或两种以上的物体和现象进行比较,找出它们之间的相同点和不同点。比较是人思维过程中的重要环节,通过比较才能区分本质特征和非本质特征,形成更高一级的认识。

(3)猜想。大胆猜想是一种重要的探究方法,能推动幼儿有目的地进行探究。如,幼儿认为弹珠能浮在水面,他会采用各种方法达成目标。

(4)实验。有的探究活动是在控制条件的情况下,反复实验操作才能得到结果。如,探究哪种坡度的斜坡,能使小车最快到达地面。

3. 科学知识和经验

如今的科学教育,渐渐走入谈“科学知识”色变的误区。当幼儿形成错误的科学概念时，教师们畏首畏尾，小心谨慎地盘算着该不该修正，生怕自己走入知识至上的误区。这反而让孩子陷入了科学知识不准确的泥潭。科学是严谨的，对幼儿来说，正确的科学指引尤为重要。

由于幼儿年龄特点和发展水平的不同，即便同样的主题核心点也会出现由表及里、由易到难、由现象到本质的渐进性变化，见表2。

表2　幼儿科学素养渐进性变化

小班	对周边很多的事物和现象感兴趣；经常提问并喜欢摆弄材料；能在老师的支持和鼓励下，尝试分享和表达自己的发现；关爱身边的动植物。	能发现事物的某些显著特征；能用多种感官或动作去探索，并关注动作产生的结果和现象；能用简单的方式记录自己的发现。	认识常见物体、材料和现象以及它们的特性；感知与人的关系。
中班	喜欢接触新事物，探索热情高涨，乐在其中；乐于倾听和表达自己的发现；关爱动植物，能做力所能及的环保活动。	能进行比较观察，发现事物间的不同与相同；能有根据地进行猜测和假设；能掌握一定收集信息的方法；尝试运用一定的方法解决问题，并用不同的、简单易懂的方式进行记录。	能感知事物、现象的变化以及相互之间的影响；感知事物变化后对人的影响。
大班	对自己感兴趣的问题刨根问底，并能寻找到答案；乐于分享和交流自己的探究和发现；尊重生命、保护环境。	能充分调动自己的已有经验进行猜想和假设，尝试按计划进行探究；能搜索和用适宜的方式记录，并在此基础上得出结论。	能感知事物之间多方面的关系，探索发现现象产生的条件和影响因素；感知并理解变化的周期性及与人的关系。

“慧探”科学课程内容包含有生命物质、无生命物质、自然科学现象、科学技术四个领域。从这四个领域中选择适合幼儿学习的主要内容，通过以上课程内容的学习，可以为幼儿科学素养的初步培养和持续发展奠定良好的基础。

“慧探”科学课程实施建议分别从教学目标、教学资源使用、教学活动三个方面提出。这些建议汲取了当代学习理论与教学理论的精华，也是对近年来我国科学

教学经验的凝练与提升。

1. 教学目标建议

培养幼儿的科学素养是科学课程的宗旨。学前阶段的科学教学是为培养幼儿科学素养打基础的,科学教师应将科学素养的培养作为教学设计与实施的最高准则。在确定教学目标时既要关注科学知识,也要关注科学素养的其他成分,注重各方面目标的整合与平衡。

科学素养的形成是长期的过程,只有通过连贯、进阶的科学学习与亲历实践才能达成。科学教师应整体把握课程标准、教材的设计思路,了解课程标准、教材在科学素养培养上的纵向、横向脉络以及与其他学科的横向关联,知道每堂课的教学目标与学段目标、课程目标的关系,正确定位每节课的教学目标。

2. 教学资源使用建议

教学资源包括幼儿活动材料、教学用具和教师教学用书,它们是科学教学的重要资源,为科学活动的设计及实施提供了很大的便利。科学教师要创造性地使用教学资源。不同班级的幼儿存在着差异,教师应据此对教学资源做适切性的处理加工,这是科学教师专业素养的体现,也是科学教师发挥创造力的机会。

同时,也要在过程中收集相关教材的素材,为我们的“慧探”科学课程持续地注入新的、适宜的学习材料。

3. 教学活动建议

为了培养幼儿的科学素养,教师要为幼儿提供多样化的学习机会,如探究的机会,综合运用知识解决真实情境问题的机会,讨论辩论的机会,关心与环境、资源等有关议题的机会等。

例如开展探究式学习,这种符合幼儿天性的学习方式可以激发幼儿学习科学的兴趣,有利于幼儿对科学概念的理解,也是培养幼儿科学探究能力、科学思维能力、科学精神的有效学习方式。

指导幼儿进行探究式学习,应注意以下问题。

(1)重视探究活动的各个要素。科学探究包括提出问题、做出假设、操作记录、得出结论、表达交流等要素。每个要素都会涉及多种科学思维方法。只有让幼儿

有机会充分运用这些思维方法，科学思维才能逐渐形成。要避免程式化、表面化的科学探究。探究的问题可以来自幼儿，也可以来自他人。无论问题来自何方，都必须与幼儿探究能力的水平相符。在时间、空间都有限的课堂上，探究的问题应结构良好、容量合适，对于幼儿科学思维发展更有价值的真实问题也应该占有一席之地，时空的局限可以通过与综合实践活动课程或校本课程的结合等途径加以解决。

（2）处理好探究式学习中幼儿自主和教师指导的关系。探究式学习强调要以幼儿为主体，但这并不意味着教师要放弃指导。从幼儿原生态的发现活动到较严谨的探究性实验设计与操作，都离不开教师的精心指导。为了保证指导的适时有效，教师要对幼儿在探究中出现的问题保持高度的敏感，必要时给予适当的指导。指导要富于启发，最好是在教师的提示下幼儿自己发现问题所在。

（3）不要把探究式学习作为唯一的科学学习方式。科学素养包括多个维度，不同的素养要通过不同的学习活动加以培养，科学教师应尽可能掌握多种科学教学方法和策略。要多采用能激发幼儿兴趣、符合幼儿认知发展规律以及能充分调动幼儿积极性的教学方法和教学策略，使幼儿愿意主动学习。戏剧表演、科学游戏、科学小制作、直接观察等都是科学学习的有效方式。

小班科学活动总览表

探究对象	活动主题
有生命物质	• 我的身体 • 动物朋友 • 鱼儿游游游
无生命物质	• 秋天的秘密 • 春天来了
自然科学现象	• 有趣的滚动 • 我们爱探究
科学技术	• 身边的电器

小班上期科学活动

主题一 秋天的秘密

主题说明

玩乐是幼儿的天性，幼儿在玩耍的过程中建构并积累着自己的经验。秋天是丰收的季节，是花草树木变换的季节。秋天来了，幼儿的周围悄悄地发生着变化。为了让幼儿初步认识秋天，了解秋天的主要特征以及植物的变化，教师通过各种操作活动让幼儿感知秋天的季节特征，观察各种动植物的变化，了解秋季是收获的季节，体验丰收的喜悦。我们希望孩子们能够注意到周围的一切，同时被大自然的秘密所吸引、感动。让我们带领幼儿在这个主题活动中一起去发现、一起去想象吧！

图1-1 秋天的植物有什么变化呢

图1-2 秋天的树叶变黄啦

主题目标

1.喜欢观察菊花,感受菊花的颜色美、形态美。

2.多感官感知苹果、橘子的特征。

3.对秋季落叶的自然现象感兴趣,探索能让树叶"跳舞"的方法。

4.乐意观察天气,对秋季的季节特征感兴趣。

主题	集中教育活动	区域游戏活动
秋天的秘密	活动1:美丽的菊花	活动1:秋天的果园
	活动2:酸酸甜甜的水果	活动2:秋天的花儿
	活动3:树叶宝宝在跳舞	活动3:拾落叶
	活动4:凉爽的秋天	活动4:落下来

集中教育活动

活动1:美丽的菊花

活动目标:

1.喜欢观察菊花,感受菊花的颜色美、形态美。

2.感知菊花开了的秋意情境。

3.初步了解不同菊花的颜色、形态。

活动重难点:

喜欢观察菊花,感受菊花的颜色美、形态美。

活动准备:

1.材料准备:各种颜色、形状的盆栽菊花;幼儿秋游时与花草的合影;各种秋季花草的图片。

2.经验准备:与家长观察过秋天的花,对菊花有一定的了解。

活动过程:

一、观察教室周围的菊花

教师提问:你认识这些花吗?你知道它们的名称吗?

二、仔细观察菊花的特征

观察菊花的颜色和外形。

教师提问:都有些什么颜色的菊花呢?这些菊花的大小是一样的吗?花瓣是什么样子的?这些菊花长得像什么?它们有什么香味吗?

教师小结:菊花有很多不同的品种,品种不同,颜色不同,大小也不同。有的菊花的花瓣小小的,有的长长的,还有的卷卷的。它们还有淡淡的香味。

三、感受秋季的季节特征

教师提问:你知道菊花会在什么时候开放吗?秋天给你什么样的感觉呢?我们一起来看看小朋友的照片吧!

教师小结:菊花会在天气爽朗的秋季开放,那个时候气候宜人,瓜果成熟,是一个丰收、热闹的季节。

四、进一步扩展对秋天的花朵的认识

教师提问:你还知道哪些花朵会在秋天开放(展示图片)?它们都是什么样子的?我们一起来看看吧。

教师小结:鸡冠花、桂花等都是秋天开放的花。

活动2:酸酸甜甜的水果

活动目标:

1.喜欢吃水果,乐意表达自己的感受。

2.多感官感知苹果的特征。

3.初步了解苹果、橘子的特征。

活动重难点：

多感官分辨苹果、橘子的不同特征。

活动准备：

材料准备：苹果、橘子实物若干；摸箱一个；果园的图片。

活动过程：

一、出示果园的图片，激发幼儿的兴趣

教师提问：秋天到了，我们一起看看果园变成什么样子了？

教师小结：秋天到了，很多水果成熟了，比如苹果、橘子。

二、摸一摸，感知水果的不同触感

教师引导语：这里有一个摸箱，藏了很多水果，请小朋友上来摸一摸，猜一猜哪些水果在里面。一次只能摸一个水果。

教师提问：你摸到了什么水果？它的形状是什么样子的？摸起来的感觉怎么样？

教师小结：不同的水果有不同的特征，形状不一样，摸起来的感觉也不一样。

三、多感官比较两种水果的外形特征

每组桌上都放上苹果、橘子两种水果，引导幼儿观察。

教师提问：苹果有什么特点呢？摸上去有什么感觉？闻起来有什么味道呢？

教师提问：那橘子有什么特点呢？

教师小结：这两种水果的外形都是圆圆的，苹果大多是红红的，橘子大多是黄黄的。苹果摸起来滑滑的，橘子有点儿粗糙；苹果捏起来硬硬的，橘子捏起来有点儿软。

四、尝一尝，感知水果的不同味道

教师提问：尝一尝，说一说它们吃起来是什么味道。

教师小结：苹果甜甜的，橘子有点儿酸酸的，水分很多。

活动3:树叶宝宝在跳舞

活动目标:

1.对秋季叶子掉落的自然现象感兴趣。

2.探索能让树叶“跳舞”的方法。

3.尝试发现树叶形状、颜色的不同。

活动重难点:

探索能让树叶“跳舞”的方法。

活动准备:

1.材料准备:树叶飘落的视频。

2.经验准备:知道秋天到了,有些树的叶子会变黄。

3.场地准备:选择幼儿园或小区里落叶较多的地方,为幼儿提供观察的场地。

活动过程:

一、户外捡落叶,激发幼儿的兴趣

教师带领幼儿在户外的空地上自由地观察落叶。

教师引导语:走,我们一起去户外,找秋天、捡落叶。

二、相互交流,秋天的树叶的特征

1.带领幼儿回到教室,发现树叶的特征。

教师提问:这些树叶是从哪儿来的呢?你刚才拾到了什么样子的树叶?它们是什么形状、什么颜色呢?

2.鼓励幼儿自由交流,进一步理解树叶的特征。

教师引导语:和你的同伴讲讲,你捡到了什么样子的落叶。

3.集体学习,梳理树叶的特征。

教师提问:谁愿意和大家分享一下,你捡到的树叶是什么样子的?

教师小结:秋天到了,树叶就会变黄,慢慢地从树上掉落下来。不同的树叶,颜色、形状都不同。

三、探索让树叶"跳舞"的方法

1.播放视频,引导幼儿思考怎么让树叶"跳舞"。

教师提问:视频里的树叶看起来像在干什么呢?怎样才能让我们手里的树叶跳起舞呢?

2.幼儿自由探索让树叶"跳舞"的方法。

幼儿自由地将树叶抛向空中,观看树叶飞舞的样子。教师鼓励幼儿尝试用肢体动作来模仿树叶"跳舞"的样子。

教师提问:你用的什么方法让树叶"跳舞"的?树叶跳的是什么舞?你能学一学吗?

教师小结:原来,抛、丢、吹都可以让树叶动起来,跳起舞来!

活动4:凉爽的秋天

活动目标:

1.乐意观察天气,对秋天的季节特征感兴趣。

2.能在教师的引导下用简单的语句描述秋天的季节特征。

3.了解秋天的季节特征,知道秋天是一个凉爽的季节。

活动重难点:

能用简单的语句描述秋天的季节特征。

活动准备:

1.材料准备:"秋姑娘"的头饰、秋天的相关视频。

2.经验准备:有观察天气的经验。

活动过程：

一、创设秋天的情境，激发幼儿兴趣

1.教师带上“秋姑娘”的头饰，幼儿进行猜测。

教师提问：小朋友，今天老师要变成另外一个人，猜猜我变成了谁呢？

教师引导语：风吹起来啦，天气变冷了，人们会把短袖换成长袖，我是谁呢？我就是秋姑娘。

2.教师引导幼儿根据自己的已有经验说说对秋天的感受。

教师提问：小朋友，现在就是秋天啦，你们喜欢秋天吗？秋天的天气是什么样的呢？

二、观看视频，与同伴交流秋天的特征

1.幼儿仔细观看秋天的相关视频，发现秋天的特征。

教师引导语：小朋友，刚才你们都说了一些关于秋天的事情，老师今天带来了一段视频，也是跟秋天有关的，请小朋友一起来看一看吧！

教师提问：仔细看，视频里都有些什么？

2.与同伴交流秋天的特征。

教师提问：小朋友，刚才你们在视频里面看到了什么呢？当太阳公公出来的时候，你们感觉怎么样呢？当下雨的时候，你们又有什么样的感觉呢？当秋风吹过来的时候，你们身上又会有什么感觉呢？

3.师幼共同小结秋季的特征。

教师小结：秋天的天气渐渐地变得凉爽，有的时候会滴滴答答地下起小雨；有的时候又会出太阳，但是不会感觉那么热；有的时候还会刮风，秋风吹在我们的脸上会很舒服、很凉爽。

三、进一步巩固对秋天天气的了解

感受秋天的天气，鼓励幼儿用语言表达季节的特征。

教师提问：小朋友，刚才我们说了很多秋天的天气特征，那你们看看今天的天气怎么样呢？我们一起出去感受一下吧！

区域游戏活动

活动1:秋天的果园

活动目标:

1. 了解在秋天成熟的水果的外形特征。
2. 尝试将水果分类。

活动准备:

材料准备:葡萄、香蕉、石榴、橘子等水果实物;各种水果和农作物的卡片。

活动过程:

1. 引导幼儿摸一摸、闻一闻、尝一尝秋天的水果。

教师提问:你认识这些水果吗?它们是什么样子的?摸起来是什么感觉?闻起来是什么味道?吃起来是什么感觉呢?

2. 请幼儿看一看水果和农作物的卡片。

教师提问:你能将这些水果和农作物分类吗?

活动2:秋天的花儿

活动目标:

1. 喜欢亲近大自然,感受在秋天开放的花的特征。
2. 观察各种各样的花,发现不同的花的颜色和形态的不同。

活动准备:

材料准备:请幼儿带各种各样的花到幼儿园。

活动过程:

1. 教师让幼儿观察带到幼儿园的花,让幼儿感知秋天到了,许多好看的花都开了。让幼儿了解这些花的名称,观察花的形态特征。
2. 指导幼儿给花浇水,让幼儿知道植物的生长需要人的照顾与呵护。

活动3:拾落叶

活动目标:

1.乐意收集各种颜色和形状的树叶。

2.有亲近大自然的愿望。

活动准备:

场地准备:有落叶的空地或小区花园,为幼儿提供观察场地。

活动过程:

1.教师与幼儿一起去拾落叶,注意引导幼儿观察落叶的颜色和形状。

教师提问:秋天到了,树叶变颜色了,这些树叶以前是什么颜色呢?

2.让幼儿选出最喜欢的树叶。

教师提问:你最喜欢哪片树叶?为什么?

活动4:落下来

活动目标:

1.有主动参与探索活动的愿望。

2.能大胆用自己的语言或动作跟同伴、老师交流自己的发现。

活动准备:

材料准备:树叶、餐巾纸、Y字形纸片。

活动过程:

引导幼儿用提供的材料进行尝试,观察三种物体落下来的情境,并大胆交流自己的发现。

主题二 我的身体

主题说明

对幼小的孩子来说，身体是他们探索世界、促进自身发展的重要"工具"。各种有关身体的活动，都可以促进他们大脑潜能的发展。因此，在这个主题活动里，我们将带领小班的幼儿通过各种活动探索学习有关身体的重要知识。

教师通过活动让幼儿认识身体的外部特征，了解人的身体的各部位所具有的主要功能，知道身体的重要性。我们也会带领幼儿用身体去大胆探索环境，亲身实践各种活动；还会带领幼儿认识各种动物的身体特征，知道各种动物身体的各部位与人类的不同之处；同时，我们也会教给孩子保护自己身体的方法。

图2-1 我有五根手指头

图2-2 我的身体可以变变变

主题目标

1.初步了解身体各器官的主要功能。

2.大胆探索,发现自己的身体有哪些能动的部位并乐意与他人交流。

3.知道关节能弯曲。

4.能通过观察、体验、操作来感知小手的本领。

主题	集中教育活动	区域游戏活动
我的身体	活动1:我的身体真有用	活动1:我的小手
	活动2:会动的身体	活动2:听一听
	活动3:会动的关节	活动3:闻一闻
	活动4:小手本领大	活动4:粘贴五官

集中教育活动

活动1:我的身体真有用

活动目标:

1.愿意探索身体各个器官的位置和功能。

2.能在游戏中熟悉各个器官的位置。

3.观察身体的主要器官并了解其主要功能。

活动重难点:

初步了解身体各个器官的主要功能。

活动准备:

材料准备:关于五官和其他器官的作用的PPT、小镜子人手一个。

活动过程：

一、带领幼儿玩游戏，激发幼儿探究器官的兴趣

教师引导语：小朋友，我们一起来玩一个"点点点"的游戏吧。老师说"点点点，点鼻子"，你的手指就要停在鼻子上；老师说"点点点，点嘴巴"，你的手指就要停在嘴巴上。准备好了吗？

反复进行游戏。

二、初步了解人的身体主要部位

1. 出示镜子，引起幼儿兴趣。

教师提问：小朋友，你们在家照过镜子吗？镜子里能看见什么？我们一起来照一照。

2."照镜子"游戏，找找"脸上的朋友"。

教师提问：说一说，你的脸上有什么？它们是什么样子的呢？我们一起从上到下来看一看。

教师小结：原来我们的脸上有眉毛、眼睛、鼻子、嘴巴、耳朵。

三、观看PPT，了解身体各器官的作用

1. 播放PPT，观察五官。

教师提问：这个小朋友脸上也有和我们一样的朋友，看看都有谁？

教师小结：眉毛、眼睛、鼻子、嘴巴、耳朵都在我们的脑袋上，是很重要的身体器官。

2. 了解身体各器官的作用。

教师提问：看看这张图片，请你说一说，除了头部的器官以外，你们还知道哪些器官？

教师小结：手、脚也是我们重要的身体器官。

3. 了解身体各器官的功能。

教师提问：那这些器官都有什么用呢？我们一起来看看。图片上的小女孩在做什么？

教师小结:眼睛能让我们看书、看电视、看到许多美丽的事物。图片上的小女孩打电话除了要用耳朵听,还会用到什么部位呢?还要用嘴巴说话呢!图片上另外两个小女孩还在用嘴巴唱歌。耳朵可以听声音;嘴巴可以说话;鼻子不仅可以让我们闻到各种味道,还可以让我们呼吸;脚可以走路;手可以画画。

四、互相讨论,保护身体的方法

教师提问:小脸上的朋友有很多,我们要好好保护它们,手和脚也非常重要,那我们要怎么保护它们呢?

教师小结:不能用脏手揉眼睛,不能长时间看电视;要多喝水,不吃脏东西;不用手抠鼻子,不往鼻子里塞脏东西;音乐音量太大时不要听,不往耳朵里塞脏东西;勤洗手,勤洗脚,穿合适的鞋子。

活动2:会动的身体

活动目标:

1.乐意与同伴交流,对自己的身体感兴趣。

2.能大胆探索发现自己身体能动的部位。

3.初步了解身体的运动机能。

活动重难点:

发现自己身体能动的部位并乐意与他人交流。

活动准备:

材料准备:人体骨骼的图片。

活动过程:

一、游戏"请你跟我这样动"

教师带领幼儿玩"请你跟我这样动"的游戏。教师说"请你跟我这样动",幼儿一边模仿教师的动作,一边说:"我就跟你这样做。"如:请你跟我转手腕(弯弯腰、挤挤眼、张大嘴等)。

二、自由探索身体的哪些部位能动

1.出示人体骨骼的图片,引发幼儿思考。

教师提问:刚才我们活动了身体的哪些部位?除了这些部位,你们知道我们的身体还有哪些部位可以动吗? 我们一起在图片里找找看吧!

2.相互交流,师幼小结。

教师提问:请你和好朋友说说,身体的哪些部位能动?

教师小结:手指、手腕、脚趾、脚腕……我们身体上有许多关节,因为这些关节连接着骨骼,所以我们的身体会动。

三、探索身体能动的秘密

1.发现动脉。

教师提问:现在,请你把手分别放在胸口、颈部、手腕处,你有什么感觉?是什么在动?身体里还有什么器官也在不停地跳动?

2.提升梳理经验。

教师小结:其实,在我们身体里还有很多能动的部位,有些是我们自己能控制的,如关节、肌肉等;有些是我们自己无法控制的,如心跳、肠蠕动等。

我们的身体就像一个大机器一样,由许多的部位组成,它们在不停地动。我们平时也要保持运动,这样身体的器官才会更加灵活、更加健康。

活动3:会动的关节

活动目标:

1.对身体关节会动的现象感兴趣。

2.培养幼儿初步的探索能力。

3.知道关节能弯曲。

活动重难点:

知道关节能使身体弯曲。

活动准备：

材料准备：木头人模型，人的关节受伤后的视频。

活动过程：

一、仔细观察，初步感知、认识关节

出示木头人模型，让幼儿模仿木头人的动作。

教师提问：为什么我们的胳膊可以摇动？为什么我们的手指可以弯曲呢？

教师小结：原来是关节在起作用，摸摸看，骨头与骨头相连接的地方就是关节。

二、多形式探究，感受关节的重要作用

1.观看木头人模型，寻找关节。

教师提问：身体的哪些地方有关节呢？

教师小结：肩膀的地方有关节，胳膊肘的地方也有关节。

2.提出问题，认识关节。

教师提问：如果没有这些关节，身体会怎么样？假如胳膊肘和膝盖没有了，走路会是什么样子？谁来模仿一下。

教师提问：我们一起来看看视频，关节受伤之后，发生了什么？

教师小结：没有关节，我们的行动就会变得不方便，腿不能弯曲，走路也有问题了。

三、带领幼儿玩“木头人”动动的游戏，感受身体关节的灵活性

请一位幼儿操作木头人，摆出某种造型，其他幼儿说说木头人什么地方在动，并模仿木头人的动作。

活动4：小手本领大

活动目标：

1.对小手的本领感兴趣。

2.能用语言大胆地表述自己的想法。

3.初步感知五指的名称和本领。

活动重难点:

用多种方式感知小手的本领。

活动准备:

材料准备:交警指挥交通的视频。

活动过程:

一、带领幼儿玩手指游戏,激发幼儿兴趣

我的小手变、变、变,

变把手枪啪、啪、啪,

变只小鸡叽、叽、叽,

变只小鸭嘎、嘎、嘎,

变只小鸟飞、飞、飞。

二、认识手指宝宝

教师提问:小朋友,这是我的手指宝宝,你认识它们吗?它们分别是谁呢?它们有什么不同的地方吗?

教师小结:手妈妈有大拇指、食指、中指、无名指、小拇指五个手指宝宝,它们可以帮我们做许多的事情。

三、感知小手的本领

1.提出问题,引发幼儿讨论。

教师提问:小手有哪些本领,你知道吗?和你的朋友说一说。

教师小结:吃饭、画画、穿衣服……小手有很多本领。

2.观看视频,感知小手的本领。

教师提问:小手还有一个特殊的本领——“说话”,听,它们在说什么?

教师提问:你看懂小手说的话了吗?交警叔叔就用自己的手指挥车辆有序通行呢。

教师小结:手真的可以说话呢!

3.提出问题,引发思考。

教师提问:我们应该怎样保护小手呢?

教师小结:勤洗手、剪指甲,不做危险的事儿。

区域游戏活动

活动1:我的小手

活动目标:

1.能用小手获取物体的触感,知道不同的物体软硬程度不同。

2.愿意参与观察和触摸活动,体验发现的乐趣。

活动准备:

材料准备:毛线团、毛绒玩具、积木、木夹子、玩具车等。

活动过程:

1.幼儿自由感知各种物体质地的软硬。

教师提问:请你说说哪些物品摸上去是软软的?哪些是硬硬的?

2.初步形成有关“软软的”“硬硬的”的感性认知。

教师提问:除了这些物品,我们的身体哪些地方是软软的?哪些地方是硬硬的?

活动2:听一听

活动目标:

1.探索不同的物体发出的不同的声音,了解耳朵可以帮助听辨不同的物体。

2.有兴趣参加听辨游戏,愿意反复操作。

活动准备:

材料准备:各种乐器,如铃鼓、铝板琴、沙球等;录音机、磁带。

活动过程:

1.敲一敲,打一打,感受乐器的声音。

教师提问:许多乐器朋友来和我们做游戏,你听过它们发出的声音吗?这些声音好听吗?

2.听一听,找一找。

教师提问:听听录音机里发出的声音,你听到了什么声音?

活动3:闻一闻

活动目标:

1.能根据闻到的气味辨别物体。

2.在游戏中体验鼻子的重要性。

活动准备:

材料准备:有盖子的不透明的瓶子,里面分别装有有香味的花、香水、醋、麻油等;气味标记贴。

活动过程:

1.引导幼儿选择气味瓶闻一闻。

教师提问:你闻到的可能是什么?有什么感觉?

2.请幼儿在瓶子外面贴上相应的气味标记。

教师提问:请把你选择的气味标记贴在瓶子外面。

活动4:粘贴五官

活动目标:

1.知道五官的名称、作用。

2.能在相应位置粘贴五官,巩固对五官在脸部位置的认识。

活动准备：

材料准备：五官的贴画、脸部图。

活动过程：

1. 了解五官的位置及作用。

教师提问：眼睛长在脸的哪个位置，有什么用？

用相同方法，提问其他五官。

2. 粘贴五官。

指导幼儿按照正确的位置粘贴。

主题三 有趣的滚动

主题说明

小班的幼儿好奇心强，喜欢问为什么，喜欢探索；喜欢将各种玩具、物品滚动着玩，对滚动现象感兴趣。私家车的增多，使幼儿对轮子的滚动现象有一定的了解。在日常生活中，物体的滚动现象是常见的，也是幼儿乐于探索的。如：幼儿在玩皮球的时候，总喜欢把球放到滑梯上让它自由滚落或者用手推、用脚踢等；总喜欢看马路上转动的车轮，常常目不转睛；玩积木、画画时，时常会不自觉地把积木、画笔滚动着玩。在玩的过程中幼儿会不自觉地进行无意识的尝试，在尝试中去发现其中的“奥妙”。

来吧，让我们一起探索“滚动”的世界！

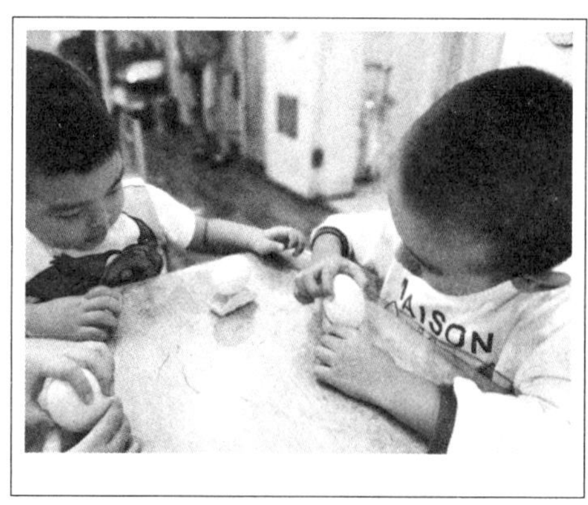

图3-1 蛋宝宝站起来啦

主题目标

1.尝试用不同的方法把蛋放平稳。

2.喜欢玩滚动的玩具,体验探索活动的乐趣。

3.初步了解公共汽车、货车、洒水车、救护车、消防车、警车的名称、特点和用途。

4.初步感知云朵形状的变化。

主题	集中教育活动	区域游戏活动
有趣的滚动	活动1:爱滚动的蛋宝宝	活动1:蛋宝宝站起来了
	活动2:会滚动的玩具	活动2:物体动起来
	活动3:各种各样的车	活动3:滚一滚
	活动4:白云飘飘	活动4:云朵飘飘

集中教育活动

活动1:爱滚动的蛋宝宝

活动目标:

1.对会滚动的东西有好奇心。

2.尝试用不同的方法把蛋放平稳。

3.初步感知蛋会滚动的现象。

活动重难点:

尝试用不同的方法把蛋放平稳。

活动准备:

1.材料准备:熟蛋若干,布、纸、瓶子、瓶盖、盒子。

2.经验准备:幼儿在家中与家长尝试过把蛋放平稳。

活动过程:

一、激发幼儿探索的好奇心

1.出示材料,引发幼儿探索兴趣。

教师提问:猜猜谁来了? 是蛋宝宝! 蛋宝宝想和你们玩一玩,好吗?

2.幼儿操作,尝试滚动蛋宝宝。

教师提问:你们和蛋宝宝是怎么玩的? 为什么蛋宝宝站不稳呢?

教师小结:蛋宝宝的身体圆圆的,所以要滚动。

二、再次探索让蛋宝宝站起来的方法

尝试用不同的方法进行探索,激发幼儿参与操作的兴趣。

1.提出问题,引发猜想。

教师提问:蛋宝宝滚累了想站起来,怎样才能让它站稳呢?

2.幼儿实验,教师指导。

教师提问:桌上有很多的材料,你可以用它们帮助蛋宝宝站起来吗?

3.集中展示,鼓励表达。

教师提问:你的蛋宝宝站起来了吗? 你用了什么材料让它站起来的?

三、活动延伸,鼓励幼儿继续尝试

教师提问:蛋宝宝玩累了想休息一下。晚上可以把它带回家,和爸爸妈妈在家里寻找更多的材料,帮助蛋宝宝站起来。

活动2:会滚动的玩具

活动目标:

1.喜欢玩滚动的玩具,体验探索活动的乐趣。

2.能用简单的语言描述关于滚动的发现。

3.初步感知物体的形状和滚动的关系。

活动重难点:

初步感知物体的形状和滚动的关系。

活动准备:

1.材料准备:每人带一样会滚动的玩具到幼儿园。

2.经验准备:玩过一些会滚动的玩具,知道它们在哪些地方能滚动。

活动过程:

一、玩具展示会,激发幼儿兴趣

教师带幼儿参观各种玩具,激发幼儿参与活动的兴趣。

教师提问:这里有许多好玩的玩具。有漂亮的洋娃娃,有皮球,有会动的小狗等,你们想玩吗?

二、幼儿自由探索玩具,感知玩具的形状与滚动的关系

1.实际操作,感知不同的滚动现象。

教师提问:你玩的什么玩具? 你是怎么玩的? 玩具的什么地方会动? 为什么会动呢?

2.鼓励幼儿,大胆表达自己的想法。

教师提问:刚刚你是怎么玩玩具的呢? 玩具滚动起来了吗? 哪些玩具可以滚动起来?

教师小结:原来摸起来圆圆的玩具可以滚动,有角的玩具则不会滚动。

三、进一步感知会滚动的玩具

鼓励幼儿在教室寻找更多的会滚动的玩具。

教师提问:找一找,教室里还有哪些玩具会滚动?

活动3:各种各样的车

活动目标:

1.对各种各样的汽车感兴趣。

2.能用比较简短的语句表达各种汽车的用途。

3.初步了解公共汽车、货车、洒水车、救护车、消防车、警车的名称、特点和用途。

活动重难点：

1.初步了解公共汽车、货车、洒水车、救护车、消防车、警车的名称、特点和用途。

2.能用比较简短的语句表达不同汽车的用途。

活动准备：

材料准备：汽车的图片（公共汽车、货车、洒水车、救护车、消防车、警车），情境图片六幅。

活动过程：

一、出示汽车的图片，激发幼儿参与活动的兴趣

教师提问：今天有好多汽车来我们班做客，让我们来欢迎它们吧！

二、了解几种常见车的名称、特点及用途

1.鼓励幼儿用语言描述自己喜欢的车。

教师提问：它是什么车？你是怎么看出来的？它是用来干什么的？

2.创设情境，区分几种车的不同用途。

出示情境图片，分别是：一家人出去玩；宝宝准备搬家；马路要洒水；小松鼠病了，要送医院；着火了，小偷来了。请幼儿思考以上情境分别要用什么车，并大胆用语言表达。

教师提问：我们一起来看看图片。图片里发生了什么事，你是怎么发现的？什么车可以来帮忙呢？

教师小结：不同的车有不同的名称和功能。公共汽车是运送乘客的，货车是拉货物的，洒水车是清洁路面、给植物浇水的……

三、延伸活动，还知道哪些车

教师提问：你还知道哪些车呢？回家和爸爸妈妈找一找，说一说吧！

活动4:白云飘飘

活动目标:

1.愿意观察云朵,对大自然有兴趣。

2.能用简单的语言表达自己对云朵的认识。

3.初步感知云朵形状的变化。

活动重难点:

能用简单的语句表达自己对云朵的认识。

活动准备:

1.场地准备:户外。

2.经验准备:幼儿和家长观察过云。

活动过程:

一、带领幼儿到户外观察云朵的变化,激发幼儿的兴趣

教师带领幼儿到户外观察云朵。

教师提问:请你们观察一下天空,发现了什么?

教师小结:原来天空中有很多的云朵。

二、仔细观察,了解云朵的特点

1.提出问题。

教师提问:天上的云是什么颜色?天上的云像什么呢?

教师小结:天上的云看起来白白的,有的像棉花,有的像小狗,有的像冰淇淋……软软的,形状各不相同。

2.自主观察。

教师提问:刚才的"小狗"云朵跑到哪里去了?为什么会不见呢?

3.相互交流。

鼓励幼儿与同伴讨论,云朵为什么不见了。

教师小结:原来云朵会慢慢移动,所以"小狗"云朵不见了。

三、进一步感知云朵的变化

引导幼儿用肢体动作表达自己的发现,体验参与模仿活动的快乐。

区域游戏活动

活动1:蛋宝宝站起来了

活动目标:

1.从游戏中探索让蛋站立的各种方法,激发幼儿的好奇心。

2.体验探索活动带来的喜悦。

活动准备:

材料准备:纸筒、玩具、积木等。

活动过程:

1.提供不同的材料,请幼儿寻找让蛋立起来的方法。

教师提问:你们是怎么站起来的,蛋宝宝为什么站不起来?

2.鼓励幼儿再次大胆尝试,想办法让蛋立起来。

3.展示蛋宝宝立起来的方法。

请幼儿讲述哪几种方法可以让蛋宝宝立起来。

活动2:物体动起来

活动目标:

1.探索发现对物体施力后使物体动起来的方法,感受方法的多样性。

2.乐于参加探索活动,养成良好的操作习惯。

活动准备:

材料准备:积木、橡皮泥、毛绒玩具等。

活动过程：

1.幼儿自由想象使物体动起来的方法。

教师提问：这些东西放在桌上，它们会自己动吗？有什么办法让它们动起来？

2.幼儿探索让物体动起来的各种方法。

教师提问：请你用刚才想到的方法试一试，让桌上的这些物体动起来。

3.幼儿相互交流自己的发现。

教师提问：你是用什么办法让桌上的物体动起来的？

活动3：滚一滚

活动目标：

1.通过滚动各类物体，激发幼儿对滚动现象产生好奇心。

2.体验玩滚动游戏的乐趣。

活动准备：

材料准备：圆柱、圆台、圆锥等形状的积木；瓶子；干电池，圆盘等。

活动过程：

1.引导幼儿寻找会滚动的物体。

幼儿自由选择物体进行尝试，发现会滚动的物体。

2.了解会滚动的物体的共同特点。

教师提问：这些物体为什么都能滚动起来？

3.鼓励幼儿再次尝试让物体滚动起来。

活动4：云朵飘飘

活动目标：

1.观察云朵的变化，对观察活动感兴趣。

2.能想象和描述云朵的形态和色彩。

活动准备:

场地准备:选择合适的能观察到云朵的户外。

活动过程:

1.教师带领幼儿到户外观察云朵,引导幼儿发挥想象。

教师提问:天上的云是什么颜色?像什么?

2.观察天空中云朵的移动和变化

教师提问:云朵会飘吗?会变吗?能变成哪些样子呢?

主题四 动物朋友

主题说明

本主题以“动物朋友”为切入点，从幼儿熟悉并喜爱的动物开始，以各种不同的活动内容，来满足幼儿探索动物的愿望，进而引导他们用多种方式了解和获得有关动物的更多信息，并在活动中帮助幼儿提高学习能力。

本主题对幼儿来说，内容是很丰富的，可以感受的东西也很多。幼儿天生是喜欢动物的，所以他们在学习中有很多相关的生活经验供他们讲述并分享。因此老师在开展活动时有很多内容可讲，同时幼儿参与的积极性也很高。

在爱护动物的活动方面，幼儿可以尽情地展示自己和小动物之间发生的故事，展示他们和心爱的小动物一起合拍的照片，说说自己是怎么照顾小动物的。这些对幼儿来说，也是很有意思的活动，他们有很多话可以讲。说起小动物来，他们可以滔滔不绝。

图4-1 小鸡、小鸭不一样

主题目标

1. 初步了解小白兔的外形特征和生活习性。

2. 能比较耐心地观察熊猫的外形特点和生活习性。

3. 能初步按从头到尾的顺序观察小鸡、小鸭的主要特征。

4. 引导幼儿观察比较、交流分享,了解几种动物尾巴的妙用。

主题	集中教育活动	区域游戏活动
动物朋友	活动1:小兔乖乖	活动1:喂小兔
	活动2:可爱的大熊猫	活动2:小动物吃什么
	活动3:小鸡和小鸭	活动3:小鸡、小鸭不一样
	活动4:尾巴妙用多	活动4:动物的尾巴

集中教育活动

活动1:小兔乖乖

活动目标:

1. 喜欢观察小白兔,有保护小白兔的意识。

2. 初步了解小白兔的外形特征和生活习性。

活动重难点:

了解小白兔各个身体部位的特征及作用。

活动准备:

材料准备:小白兔的图片与视频。

活动过程：

一、猜谜语引出兔子，激发幼儿兴趣

教师提问：红眼睛，白皮袄，长耳朵，真灵巧；爱吃萝卜爱吃草，走起路来蹦蹦跳。孩子们，猜猜这是什么动物？

二、仔细观察图片，认识小白兔的外形特征

1.出示图片，幼儿仔细观察。

教师提问：你认识它吗？

2.相互交流讨论。

教师提问：小白兔长什么样子呢？它的身体都有哪些部分呢？耳朵是什么样子的呢？

3.教师小结。

教师小结：小白兔有个圆圆的头，头上有两只长长的耳朵，有两只眼睛，有一张三瓣儿的嘴巴，嘴巴边上还有胡须，身上毛茸茸的，身后有个短短的尾巴，身下有四条腿，前面的腿短，后面的腿长，走起路来蹦蹦跳跳的。

三、了解小白兔的生活习性

观看视频，了解小白兔的生活习性。

教师提问：你知道小白兔喜欢吃什么吗？我们一起来看看视频。

教师小结：小白兔喜欢吃胡萝卜，哦，也喜欢吃蔬菜！

活动2：可爱的大熊猫

活动目标：

1.激发爱护动物的情感。

2.能比较耐心地观察大熊猫的外形特点和生活习性。

3.知道大熊猫是我国的国宝。

活动重难点：

能比较耐心地观察大熊猫的外形特点和生活习性。

活动准备:

材料准备:PPT《可爱的大熊猫》,大熊猫玩具。

活动过程:

一、猜一猜,引发幼儿兴趣

教师提问:像熊比熊小,竹笋当粮食;像猫比猫大,竹林来安家。请你猜猜,它是什么动物呢?

二、观察大熊猫的外形特征和生活习性

1.出示大熊猫玩具。

教师提问:大熊猫是什么样的?

2.播放PPT《可爱的大熊猫》。

教师提问:接下来,让我们看看,大熊猫在干什么?它在哪里?喜欢吃什么?大熊猫为什么喜欢吃竹子呢?

教师小结:在大熊猫生长的环境中,有成片成片生长茂盛的竹子,容易获取。因此大熊猫喜欢吃竹子。

3.提出问题。

教师提问:你知道大熊猫是怎样生活的吗?它是怎么走路的,你能学一学吗?

教师小结:大熊猫喜欢独居,每天除去一半进食的时间,剩下的一半多数都在睡梦中度过。大熊猫会爬树,走起路来慢吞吞的。

三、讨论怎么保护熊猫

教师提问:你喜欢大熊猫吗?为什么?

教师小结:大熊猫憨厚、胖嘟嘟的样子,十分逗人喜爱。熊猫是我们中国独有的动物,数量很少,生出来的宝宝很小,约145克,大熊猫妈妈每次只生1~2只,两年后大熊猫宝宝才会离开妈妈独自生活。

活动3：小鸡和小鸭

活动目标：

1.激发热爱小动物的情感。

2.能按顺序观察小鸡、小鸭的主要特征。

3.知道小鸡、小鸭的主要特征和生活习性。

活动重难点：

能按从头到尾的顺序观察小鸡、小鸭的主要特征。

活动准备：

材料准备：歌曲《小鸡和小鸭》、鸭妈妈与鸡妈妈标识各一个、小鸡小鸭的图片和头饰。

活动过程：

一、播放音乐，创设情境

播放歌曲《小鸡和小鸭》。

教师提问：刚才歌曲中唱到了哪些小动物？它们长什么样子呢？

二、仔细观察，初步认识小鸡、小鸭的外形

1.出示图片，激发幼儿兴趣。

教师提问：小鸭、小鸡因为玩得太开心，所以迷路了，我们把它们送回家吧！哪个是小鸡的家，哪个是小鸭子的家？

2.引导幼儿按顺序观察小鸡、小鸭的外形。

教师提问：你怎么知道这是小鸡的家？小鸡长什么样子？小鸭长什么样子？

教师小结：小鸡和小鸭的外形不同，小鸡有尖尖的嘴巴，而小鸭的嘴巴是扁扁的。小鸭会游泳，小鸡不会游泳。它们的叫声也不同，它们走路的样子也不同。小鸭的脚趾中间有薄膜连着，连着的这个东西叫作脚蹼。小鸭靠它才能游泳。

三、播放视频,初步了解小鸡、小鸭的生活习性

教师提问:小鸡、小鸭都饿了,它们的妈妈给它们准备了丰盛的晚餐,你知道它们都喜欢吃什么食物吗?

教师小结:小鸡、小鸭都爱吃虫子、菜叶、粮食。

四、结束活动

教师小结:小鸡、小鸭实在太可爱了,我们一定要爱护、关心它们,现在老师给你们准备了头饰,我们和小鸡、小鸭一起去草地上玩游戏吧!

活动4:尾巴妙用多

活动目标:

1.对动物的尾巴有探索的欲望。

2.初步了解动物尾巴的特征及作用。

活动重难点:

了解几种动物尾巴的妙用。

活动准备:

1.材料准备:PPT《小壁虎借尾巴》。

2.经验准备:活动前熟悉儿歌《比尾巴》。

活动过程:

一、回忆儿歌,激发幼儿对动物尾巴的兴趣

播放儿歌《比尾巴》导入活动,引导幼儿说出不同的动物都有一条不同的尾巴。

教师提问:你喜欢什么动物呢?它的尾巴是什么样的呢?

二、了解几种动物尾巴的作用

1.播放PPT,欣赏故事《小壁虎借尾巴》。

教师引导语:儿歌里这么多小动物都有尾巴,而且都很漂亮,它们都在互相炫耀自己美丽的尾巴,可有一只小动物在偷偷地哭,大家知道为什么吗?因为这只小动物的尾巴断了，没有尾巴多难看呀！它很伤心！这只小动物是谁呢？它的尾巴是怎么断的？后来又怎么样了呢？今天我们就来讲《小壁虎借尾巴》这个故事。

2.讨论故事中动物尾巴的形状及用途。

(1)看图片，仔细观察。

教师提问：请小朋友们观察一下，小壁虎长什么样子呢？

教师小结：小壁虎长着大大的脑袋，身上有许多小黑点，还有一根长长的尾巴。小壁虎平日会吃蚊子等害虫，可是现在它的尾巴断了，变得很短，小壁虎非常难受，大家要爱护它。

教师提问：小壁虎为什么要借尾巴？它都向谁借尾巴了？(小鱼、老牛和燕子)

小鱼的尾巴像什么？它为什么不借给小壁虎尾巴？(小鱼游水全靠尾巴)

老牛的尾巴像什么？小壁虎借到尾巴了吗？为什么？(老牛要用尾巴驱赶蚊蝇)

燕子的尾巴像什么？它为什么不借给小壁虎尾巴？(燕子要靠尾巴掌握方向)

(2)引导幼儿了解小壁虎的尾巴能“再生”。

教师提问：小壁虎没有借到尾巴怎么办呢？妈妈告诉小壁虎它的尾巴有什么用呢？

教师小结：小壁虎长出新尾巴了，尾巴能帮助小壁虎脱离危险。

三、引导幼儿认识其他动物的尾巴的用途

了解其他动物的尾巴的功能，并教育幼儿懂得保护动物，爱护动物，培养热爱动物的情感。

教师引导语：每种动物的尾巴对它们来说都是很重要的，不同动物的尾巴有着不同的作用。现在老师和小朋友再来认识一下其他动物尾巴的用处。

教师小结：动物世界可真奇妙，动物的尾巴不仅长得各种各样，还有很大的用处。动物是人类的好朋友，小朋友要保护和爱护动物，成为它们的好朋友。

区域游戏活动

活动1:喂小兔

活动目标:

1.了解小兔子的外形特征和喜欢吃的食物。

2.观察发现小兔子找食物的方法。

3.愿意照顾小兔子。

活动准备:

材料准备:小兔子一只;兔子的食物(萝卜、白菜、青草、面包、火腿肠等)。

活动过程:

1.让幼儿亲近小兔子,乐意给小兔子喂食。

2.引导幼儿观察,发现小兔子明显的外形特征,并大胆地与同伴交流。

3.让幼儿了解小兔子喜欢的食物有哪些。

4.让幼儿了解小兔子是用看、闻的方法来寻找食物的。

活动2:小动物吃什么

活动目标:

1.知道不同的动物喜欢吃不同的食物。

2.有探索小动物食性的兴趣。

活动准备:

材料准备:小鸡、小鸭、小兔的家,小米、小鱼、小虾、玉米面、菜叶。

活动过程:

1.幼儿分别参观小鸡、小鸭、小兔的家。

引导幼儿观察动物的外形、动作,鼓励幼儿用动作模仿小动物,模仿几种动物的叫声。

2.小动物吃什么。鼓励幼儿大胆说出自己的想法。

3.试一试：幼儿依自己的意愿选择食物喂小动物。

4.交流：我喂小动物吃了什么食物。

活动3：小鸡、小鸭不一样

活动目标：

1.仔细观察并能区分小鸡、小鸭明显的外形特征，了解它们的生活习性。

2.能关心爱护小动物。

活动准备：

材料准备：小鸡、小鸭。

活动过程：

1.引导幼儿观察、分辨小鸡和小鸭。

教师提问：你觉得小鸡、小鸭看上去怎么样？你们喜欢它吗？为什么？小鸡在吃什么？小鸭呢？

2.仔细观察，分辨小鸡小鸭的不同。

教师提问：它们的嘴巴有什么不同？脚呢？它们有什么本领？

活动4：动物的尾巴

活动目标：

1.对小动物的尾巴产生好奇心；观察几种动物尾巴形状、作用等的不同。

2.发现动物的尾巴是多种多样的。

活动准备：

材料准备：猴子、松鼠、孔雀、鱼等动物的尾巴图片；表现动物尾巴作用的图片

(如猴子用尾巴吊在树上,孔雀尾巴开屏,鱼摆动游泳,松鼠冬眠时用尾巴保暖等);缺少尾巴的动物的图片若干(如没有尾巴的猴子、兔子、小猪、狐狸、金鱼等);胶水。

活动过程:

1.幼儿相互讨论交流认识的动物。

教师提问:这是什么动物?它有什么本领?它有尾巴吗?

2.观察发现:动物的尾巴。

引导幼儿观察表现动物尾巴作用的图片,了解不同动物的尾巴的不同作用。

3.操作:给动物找尾巴。

辨别各种尾巴的图片,将其粘贴在对应的缺少尾巴的动物图片上。

小班下期科学活动

主题一 春天来了

主题说明

春天来了，当迎春花把春天的讯息告诉大地时，春姑娘就悄悄地唤醒了冬眠的小动物，她喊来了背着剪刀的小燕子，敲开了花妈妈的家门……啊！春天多美好！小朋友们也一起出来寻找春天啦！在这个主题里，我们将走出教室，去领略阳光的暖意，去寻找春的足迹。

春天来了，幼儿感受到了天气的变化，并发现了植物的变化。幼儿充分感受到了春天给人们带来的快乐，春天的勃勃生机，能使幼儿进一步萌发对大自然的热爱之情。幼儿天生喜欢小动物，春天来了，小动物们都怎么样了？它们从冬眠的巢穴里出来了没有，又在做什么？这一切的问题都在吸引着幼儿，去求知、去探索。《幼儿园教育指导纲要（试行）》中明确规定："教师应成为幼儿学习活动的支持者、合作者、引导者。"教师还应敏锐地捕捉到孩子们在日常生活中新的关注点、兴趣点和新的发展需要，适时适宜地组织活动培养孩子好奇、好问、乐于探索的精神。幼儿针对春天提出了许多问题，于是，我们开展了"春天天了"的主题活动。

图1–1 小草发芽了

图1–2 春天的小草

主题目标

1.初步感知春天的天气与花草树木的特征,能发现身边自然景色的变化。

2.发现春天时很多花都开了。

3.感知春天到了,小草长出来了,树木发芽了。

4.喜欢观察小动物,认识小燕子、小蝌蚪。

主题	集中教育活动	区域游戏活动
春天来了	活动1:春天来了	活动1:我的新发现
	活动2:春天的花	活动2:一起制作风筝
	活动3:绿绿的大地	活动3:饲养小蝌蚪
	活动4:小动物喜欢春天	活动4:小蝌蚪变变变

集中教育活动

活动1:春天来了

活动目标:

1.乐意观察春天的景色,喜爱春天。

2.能大胆地表达自己的想法和感受。

3.初步感知春天的天气与花草树木的特征。

活动重难点:

初步感知春天的天气与花草树木的特征,能发现身边自然景色的变化。

活动准备:

1.材料准备:幼儿收集的春天植物的图片。

2.经验准备:幼儿和家长到户外观察植物,日常散步时带领幼儿观察正在发芽的植物。

活动过程：

一、交流讨论，初步了解春天

教师提问：小朋友，你们知道现在是什么季节吗？春天和冬天有什么不一样的地方？

教师小结：春天真舒服，阳光照在身上非常暖和，小草和花儿都长出来了。

二、观察图片，进一步了解春天

1. 春天景色的变化。

教师提问：小朋友把春天的景色带到了班上，谁来分享下你带来的风景呢？你看到了什么？春天的花草和树木发生了什么变化？是什么颜色的？

2. 春天的花和树。

教师提问：看看这里的花和树，你们都认识哪一些呢？这里还有一种花你们认识吗？(迎春花)

教师小结：春天来了，迎春花开了，小草长出来了，大树长出了新叶，大地变成了绿色，花儿也都开了，五颜六色的非常漂亮。

三、户外观察，寻找春天

教师提问：我们看过了春天景色的图片，小朋友想不想到外面去感受一下大地妈妈的模样呢？

带幼儿到户外寻找春天，观察树木，看一看、闻一闻、说一说。边走边欣赏花草树木，知道春天的花是五颜六色的，小草变绿了，大树长出了新叶。

活动2：春天的花

活动目标：

1. 喜欢观察颜色鲜艳的花。

2. 能用语言大胆表达自己的发现。

3. 发现春天很多花都开了。

活动重难点：

能用语言大胆表达自己的发现。

活动准备：

1.经验准备：观赏过迎春花、桃花等春天才开放的花。

2.场地准备：开满花朵的户外。

活动过程：

一、寻找发现：春姐姐的礼物是什么

教师提问：春天到了，春姐姐给我们送来了礼物，藏在了花园里，现在我们就去找一找。看看花园里有什么变化？你能发现春姐姐的礼物是什么吗？

二、观察感知：春天开的各种花

1.看一看。

教师提问：春姐姐送来的这些花是什么颜色、什么形状呢？像什么？

2.闻一闻。

教师提问：你闻到了什么气味？

3.找一找。

教师提问：花园里除了我们现在看到的花，春姐姐还有没有送来其他的花呢？在哪里？其他的树木有变化吗？

三、交流活动：春姐姐的礼物

鼓励幼儿将自己的发现用语言大胆地表达出来，教师帮助幼儿把话说清楚、说完整。

教师提问：今天我们来到了花园，发现了春姐姐给我们送来的漂亮礼物，谁能说一说你发现了什么？（我看到红红的花开了，我看到黄黄的花开了，我闻到香香的花开了……）

教师小结：春天真是一个美好的季节。

活动3:绿绿的大地

活动目标:

1.感受春天到了,小草长出来了,树木长新叶了。

2.能主动发现大地变绿的现象。

活动重难点:

能主动发现大地变绿的现象。

活动准备:

场地准备:户外安全的场地(有长新叶的树或者草等)。

活动过程:

一、户外寻找:春姐姐的花衣裳

教师提问:春天到了,春姐姐给我们送来了美丽的花朵,就像给大地妈妈穿上了一件花衣裳。可是,大地妈妈除了有美丽的花朵打扮她,还有其他的东西也让她变漂亮了。我们快出去看看吧!

二、观察发现:小草长出来了,树木长新叶了,到处都是绿绿的

1.观察柳树。

教师提问:柳树伯伯说,春天到了,我也要让大地妈妈变得漂亮。小朋友们猜猜,柳树伯伯是怎样让大地妈妈变漂亮的?(长出了绿绿的嫩芽)绿绿的嫩芽是什么样子的?(绿绿的嫩芽是细长细长的)

2.观察另一棵树。

教师提问:看看这棵大树伯伯是怎样让大地妈妈变漂亮的?(也长出了绿绿的嫩芽)嫩芽是什么颜色、什么样子的?(嫩芽是绿绿的、椭圆形的)

教师小结:春天,大树伯伯长出了绿绿的嫩芽,给大地妈妈穿上了一件漂亮的绿衣裳。

3. 观察小草,发现小草生长在不同的地方。

教师提问:除了树伯伯给大地妈妈穿上了绿衣裳,还有谁也给大地妈妈穿上了绿衣裳呢?

教师模仿小草说话:春天到了,我们要让大地妈妈到处都是绿绿的,小朋友,找找看,我们藏在哪里?(草地上、石缝里、花园里、花盆里)

教师小结:春天到了,小草从不同的地方长出来,也给大地妈妈穿上了一件绿衣裳。

三、交流讨论:大地的衣裳

教师提问:春天到了,大地妈妈穿上了哪些颜色的衣裳?是谁把她打扮得那么漂亮的?你看见了绿绿的大地,感觉怎么样?

教师小结:春天到了,春姐姐送来了美丽的花朵,给大地妈妈穿上了一件花衣裳;大树长出了绿绿的嫩芽,小草看见了,也从不同的地方长出来,到处都是绿绿的,给大地妈妈穿上了一件绿衣裳;因为有了花朵、大树和小草,大地妈妈变得真美丽!我爱美丽的大地妈妈!

活动4:小动物喜欢春天

活动目标:

1. 了解并喜欢在春天出生的小动物,感受小动物的活力。

2. 知道不伤害小动物。

活动重难点:

喜欢观察在春天出生的小动物,认识小燕子、小蝌蚪。

活动准备:

1. 材料准备:音乐《小燕子》、小动物的图片。

2. 经验准备:会唱《小燕子》这首歌。

活动过程：

一、唱歌游戏：感受歌曲的意境

播放音乐《小燕子》，幼儿边唱边做动作。

教师提问：你听到了什么小动物？小燕子为什么飞来了？

教师小结：春天到了，花开了，小草长出来了，树木发芽了，到处都有鲜花，到处都是绿绿的，真美！小燕子喜欢春天，它从南方飞回来，告诉大家：春天到了！

二、交流讨论：感知发现春天的小动物

1.幼儿看图片，认识小燕子、小蝌蚪等在春天会经常看到的小动物。

教师提问：看看天空中、池塘里有谁？它们长什么样子呢？猜猜它们会告诉大家什么？

教师提问：说一说，哪些小动物也像小燕子、小蝌蚪一样喜欢春天？它们长什么样子呢？你知道它们为什么喜欢春天吗？

2.幼儿相互讨论，发现其他的春天里看到的动物。

教师提问：你还知道有哪些小动物也喜欢春天呢？请给你的朋友说一说吧。

三、儿歌创编：升华小动物喜欢春天的情感

教师小结：我把你们刚刚说的都编了儿歌里，请大家听一听吧。

小燕子说："我喜欢春天，春天真美丽。"

小蝌蚪说："我喜欢春天，春天真暖和。"

小蝴蝶说："我喜欢春天，春天有美丽的花朵。"

小兔子说："我喜欢春天，春天有嫩绿的小草。"

小鸟说："我喜欢春天，春天的树林绿绿的。"

小鸡小鸭说："我们喜欢春天，春天有很多小虫子。"

……

四、活动延伸：寻找春天的小动物

教师小结：请小朋友在回家的路上或去公园里找一找，还有哪些小动物也喜欢春天，然后将自己的发现跟亲人、同伴、老师交流分享。

区域游戏活动

活动1:我的新发现

活动目标:

1.能发现春天里花草树木的一些变化。

2.初步感知天气变暖,自己和同伴的穿着有了变化。

3.乐意跟同伴、老师交流分享自己的新发现。

活动准备:

场地准备:能发现花草树木变化的户外场地。

活动过程:

1.带幼儿到户外,让他们在一定范围内自由活动。

2.鼓励幼儿跟同伴、老师交流,分享自己的新发现。

3.引导幼儿感受春天的天气,观察自己、同伴穿着的变化。

活动2:一起制作风筝

活动目标:

能摆弄塑料袋、五彩线、透明胶等材料,尝试用半成品材料完成简单的风筝制作。

活动准备:

材料准备:各色薄型塑料袋若干、长短适宜的五彩线若干、长短适宜的透明胶若干,用以上材料做好的风筝一个。

活动指导:

1.给幼儿观看做好的风筝,激起幼儿参与活动的兴趣。

2.鼓励幼儿到活动区去摆弄各种材料。

3. 引导幼儿尝试制作，用塑料袋做风筝主体，五彩线做拉线，用透明胶连接（用线的一端穿过塑料袋的提手处，然后用透明胶将其封牢即可）。

活动3：饲养小蝌蚪

活动目标：

1. 通过观察了解小蝌蚪的特征。

2. 乐意和教师一起表演，模仿自由游动的小蝌蚪。

活动准备：

材料准备：自然角饲养的小蝌蚪、小蝌蚪变成青蛙的图片。

活动过程：

1. 幼儿观察小蝌蚪。

教师提问：小蝌蚪是什么样子的？

2. 认识小蝌蚪的特征。

教师提问：小蝌蚪的头长得什么样？有几个漆黑的眼睛？小蝌蚪有几条尾巴？小蝌蚪在水里是怎么游的？

3. 小蝌蚪长大后会变成什么样子？

观察图片：了解小蝌蚪长大后会变成青蛙。

活动4：小蝌蚪变变变

活动目标：

1. 大家一起动手养蝌蚪，爱护蝌蚪。了解蝌蚪怎样变成青蛙。

2. 培养幼儿热爱动物，热爱大自然的情感。能够和动物做朋友。

活动准备：

材料准备：鱼缸一个、自制捕鱼网、水桶、蝌蚪若干。

活动过程：

一、导入活动

1.昨夜下这么大的雨，好些小生命蹦到走廊上，来我们学校做客啦。它们都是谁呢，原来是小青蛙呀。它们在找妈妈。我们一起来"做妈妈"，玩个蝌蚪变变变的游戏吧。

2.老师带领幼儿到小池塘边捞若干蝌蚪回幼儿园，把它们养在鱼缸里。幼儿扮演妈妈的角色，由老师分配，设置自然角，每位幼儿轮流照看小蝌蚪。

二、蝌蚪宝宝变变变

1.每天早晨让幼儿观察小蝌蚪的变化。

从卵——蝌蚪——长出两条后腿——长出两条前腿——尾巴没有了的过程。

2.教师小结青蛙的成长过程。

三、让我们的青蛙宝宝去找妈妈

1.老师讲解青蛙的特点，它是我们的好朋友，帮助我们吃田里的害虫。

2.幼儿享受放生的喜悦，教师和幼儿一起把青蛙放到水里，大家和青蛙说再见。

3.教师表扬尽心尽责照顾蝌蚪的幼儿。

主题二 我们爱探究

主题说明

幼儿是天生的科学家，他们爱问为什么，喜欢摆弄各种事物……《3—6岁儿童学习与发展指南》中指出："应为幼儿创设自由、宽松的语言交往环境，鼓励和支持幼儿与成人、同伴交流，让幼儿想说、敢说、喜欢说并能得到积极回应。"小班幼儿的探究能力还处于萌芽阶段，对科学现象充满着好奇心，喜欢提问，但是真正去探究发现问题的能力还需要教育者的引导和鼓励，让其亲自体会科学的奥秘和探究带来的乐趣。

在这个主题里，我们将一起尝试用触觉、嗅觉、听觉、味觉等去感知身边环境中的材料、各种气味、各种声音等，体验游戏与发现的乐趣！

图2-1 会是米发出的声音吗

图2-2 听听声音一样吗

 主题目标

1. 喜欢参加活动,能尝试用触觉感知常见的软硬、冷热不同的物品。

2. 感知酸、甜、咸、苦等各种各样的味道,并知道相应的名称。

3. 对动物的叫声感兴趣,尝试分辨常见动物的叫声。

4. 感受自制发声工具的乐趣。

主题	集中教育活动	区域游戏活动
我们爱探究	活动1:摸一摸	活动1:我说你摸
	活动2:酸酸甜甜	活动2:我闻到的气味
	活动3:我听到的声音	活动3:好听的声音
	活动4:会唱歌的瓶子	活动4:我是快乐的小动物

 集中教育活动

活动1:摸一摸

活动目标:

1. 喜欢参加活动,能尝试用触觉感知常见的软硬、冷热不同的物品。

2. 能用语言表达自己的发现,乐意与人交流分享。

活动重难点:

能用语言表达自己的发现,乐意与人交流分享。

活动准备:

材料准备:大摸箱,每组一套软硬不同的物品(雪花片、海绵、石子、积木等),每组一套冷热不同的物品(用相同瓶子装冷热不同的水、冰块、暖手器等)。

活动过程：

一、玩一玩，摸五官

教师引导语：今天我们要玩摸五官的游戏，现在请每个小朋友都闭上眼睛，用耳朵听老师的口令摸相应的五官。我们一起来试一试。

二、摸一摸，感受物体的冷暖和软硬

1.摸摸软硬不同的物品，表达感受。

教师提问：海绵摸上去感觉怎么样？（软软的、硬硬的）

2.摸摸冷热不同的物品，表达感受。

教师提问：两杯水摸上去一样吗？（冷冷的、热热的）

三、看一看，猜猜哪些物品比较硬

1.幼儿看图片。

教师提问：看一看、猜一猜，哪些物品是硬硬的？

2.幼儿看图片。

教师提问：猜一猜，哪些物品是热热的，哪些物品是冷冷的？你会用什么方法去感知物品的冷热？

四、分享交流

教师引导幼儿用语言表达自己的发现，乐意与其他小伙伴分享交流。

活动2：酸酸甜甜

活动目标：

1.感知酸、甜、咸、苦等各种各样的味道，并知道各种味道相应的名称。

2.愿意参与调制操作，体验自己动手的乐趣。

活动重难点：

感知酸、甜、咸、苦等各种各样的味道，并知道各种味道相应的名称。

活动准备:

糖、酱油、醋等调味品;黄瓜片若干;糖泡黄瓜片、醋泡黄瓜片、酱油泡黄瓜片各一盘;勺子、小碗若干;各种物品的图片。

活动过程:

一、说一说:我知道的味道

教师提问:仔细看图,你知道这些物品都是什么味道吗?

二、尝一尝:酸、甜、咸的味道

1.自由品尝三种黄瓜片。

感受黄瓜片的不同味道。

教师提问:你尝到了什么味道的黄瓜?给你什么样的感觉?你最喜欢什么味道呢?

教师小结:三种黄瓜片分别是甜的、酸的、咸的。

2.再次品尝三种调味品。

逐一感受酸、甜、咸的味道,了解调味品的名称。

教师提问:盘子里放了不同的调味品,猜一猜它们可能是什么?盐是什么样子的?醋呢?糖呢?

教师小结:不同的调料会让食物有不同的味道。

三、做一做:我是小厨师

幼儿在黄瓜片里添加调味品,品尝味道。

教师提问:小厨师,你的黄瓜都加了哪些调味品?

幼儿相互品尝,并把尝到的味道和大家交流。

教师提问:你的黄瓜是什么味道?

活动3:我听到的声音

活动目标:

1.对动物的叫声感兴趣,大胆模仿听到的声音。

2.尝试分辨常见动物的叫声。

活动重难点：

能大胆模仿听到的声音。

活动准备：

材料准备：各种动物叫声、雷雨声、流水声、几种典型的车声等的录音。

活动过程：

一、动物朋友来了

教师提问：今天我们邀请了动物来到班上，你们猜猜会是谁呢？我们一起来听听吧！

二、游戏活动：我听到的声音

教师一一播放录音，让幼儿倾听并分辨是哪些小动物的声音。

1.对比强烈的声音，如：老虎和小鸡。

教师提问：你怎么知道是老虎的声音，它的声音是什么样子的，你能学一学吗？

2.音色相近的声音，如：小鸡和小鸟。

教师提问：你怎么知道是小鸟的声音，它的声音是什么样子的，小鸟的声音和小鸡一样吗？哪里不一样？你能学一学吗？

三、再次模仿：边听边做

1.教师学动物叫声，幼儿模仿做动作。（教师可在声音的节奏、力度、频率、变化，让幼儿听辨模仿）

教师提问：这是什么声音，你来学一学。

2.教师做动作，幼儿模仿动物的叫声。

教师提问：这是什么声音，你来学一学。

四、模仿其他声音

教师提问：听听还有什么声音？我们平时会听到哪些声音？（雷雨声，消防车、洒水车的声音）

教师提问:你还听到过什么声音?请你学一学。

五、游戏活动:一起去户外

教师小结:只要你们仔细听一听,就会发现我们身边有很多声音。让我们一起到教室外面去发现不一样的声音吧!

活动4:会唱歌的瓶子

活动目标:

1.乐于动手,在游戏中感受声音带来的乐趣。

2.初步感受米粒和黄豆装到瓶子里发出的不同声音。

3.能够认真倾听,尝试用多种方式表达不同的声音。

活动重难点:

能够认真倾听,尝试用多种方式表达不同的声音。

活动准备:

1.材料准备:米粒、黄豆,每组两份;勺子、漏斗每人一个,矿泉水瓶每人两个;沙,石头,棉花球;背景音乐:生活中的声音(鸟叫声、汽车声、雨声、雷声等);音乐《大猫小猫》。

2.经验准备:幼儿在生活中感受过多种多样的声音。

活动过程:

一、听一听,是什么声音

播放生活中的声音,幼儿倾听感受并猜测。

教师提问:小耳朵仔细听,你听到了什么?是谁的声音?

教师小结:生活中有许许多多不一样的声音。

二、试一试,探索瓶子发声的秘密

1.出示空瓶子,幼儿自由探索让空瓶发声的方法。

教师提问：听一听，瓶子有声音吗？你有办法让瓶子发出声音吗？

教师小结：我们可以通过敲、捏、扔的办法，让瓶子发出声音。

2.幼儿利用材料，尝试让瓶子发出声音。

(1)出示材料，激发幼儿思考。

教师提问：除了刚刚这些办法，还有别的办法让瓶子发出声音吗？看看这是什么？它们能让瓶子发出声音吗？

教师小结：可以把黄豆和大米放入瓶子里，摇晃瓶子，这样瓶子就能发出声音。

(2)尝试利用工具，选择材料放入瓶子。

教师提问：桌子上还有一些小帮手，看看它们是谁，有什么用？选择一种材料，放到瓶子里，听一听它们能不能帮瓶子发出声音。

鼓励幼儿探索漏斗和勺子的使用方法，将材料放入瓶子里。提示幼儿每个瓶子只能放一种材料，放好后把瓶盖拧紧。

(3)摇晃瓶子感受声音，分享交流。

教师提问：你的瓶子有声音吗？里面装的是什么？

教师小结：瓶子里装了东西后，摇晃时，瓶子会发出声音。

3.玩瓶子，分辨不同瓶子发出的不同声音。

(1)引导幼儿认真倾听，发现两种材料在瓶子里发出的声音的区别。

教师提问：把黄豆和大米放进瓶子里，摇一摇，瓶子真的发出了声音，再听一听，黄豆瓶子和大米瓶子发出的声音有什么不同？

(2)鼓励幼儿大胆使用象声词，模仿不同材料发出的声音。

教师提问：听一听，黄豆让瓶子发出了什么声音？像什么？大米呢？

教师小结：黄豆让瓶子发出的声音像雷声，咚咚咚，很大；大米让瓶子发出的声音像下雨，沙沙沙，很小。

三、玩一玩，我的瓶子唱歌啦

1.再次玩瓶子，充分感受声音的不同。

播放音乐《大猫小猫》，幼儿随着音乐摇晃瓶子，充分感受装黄豆的瓶子和装大米的瓶子音量的不同。

教师提问:我们让瓶子一起来唱歌吧! 哪个瓶子唱大猫的声音呢?

2.猜一猜,它们能让瓶子唱歌吗?

展示材料,引导幼儿思考这些材料能让瓶子发出什么样的声音。

教师提问:这些材料你们认识吗? 它们能让瓶子发出什么样的声音呢?

区域游戏活动

活动1:我说你摸

活动目标:

1.听同伴指令,用摸的方法找到需要的物品。

2.体验操作游戏的乐趣。

活动准备:

材料准备:常见弹性物品;各种形状、大小、软硬、光滑与粗糙等不同的玩具;眼罩若干。

活动过程:

1.让幼儿明确游戏规则(必须戴上眼罩,用摸的方法来进行游戏;跟同伴一起玩;听指令摸物品等)。

2.让幼儿感知各种物品的特性,尝试分辨。

活动2:我闻到的气味

活动目标:

1.有兴趣参加活动,能尝试用嗅觉感知周围环境的各种气味。

2.能分辨出几种明显的气味,敢于表达自己的发现。

活动准备:

1.材料准备:鲜花;花露水;每组三个装有醋、橙汁、花露水的小盘(盛这三种物品的盘上有与操作卡上与该物品一致的符号);每人三根棉签;彩色笔;图片。

2.经验准备:关注生活中有气味的物品,积累相关的经验。

活动过程:

一、闻一闻,猜一猜

1.幼儿闭上双眼,教师将鲜花逐一拿到幼儿面前让他们闻。

2.幼儿闭上双眼,教师在教室里一边说“变变变”,一边四处喷洒花露水。

3.闻一闻桌上盘子里东西的气味,猜一猜是什么。

教师提问:你闻到了什么气味?你是怎么知道的?说说你还在什么地方,闻到过什么样的气味?

教师小结:鼻子能闻到各种气味。

二、看一看,涂一涂

幼儿看图片:请他们在图上有气味的东西下面涂上颜色。学习用符号记录。

三、猜一猜,做一做

教师指导幼儿先观察猜想、验证,再用棉签蘸上相同气味的液体涂在圆圈里。

活动3:好听的声音

活动目标:

1.感受用常见物品制造声音的乐趣。

2.发现通过碰撞、敲击、摇动,物品可以发出不同的声音。

3.敢于用自己喜欢的方式表达在活动中的感受和发现。

活动准备:

材料准备:故事《熊宝宝的宝盒》,勺子、木珠、塑料盒、瓶子、豆子、积木若干。

活动指导:

一、听故事

1.教师讲述故事《熊宝宝的宝盒》,引发幼儿好奇与探索的愿望。

2.教师提问:你们喜欢熊宝宝的宝盒吗?为什么?熊宝宝的宝盒都有什么?为什么会发出声音?

二、制造声音

1.观察材料,引导幼儿说出材料的名称。

教师提问:老师也有宝盒,看看里面都有些什么东西呢?

2.引导幼儿探究宝盒怎么才能发出声音。

教师提问:怎么用它们制造出好听的声音?

3.幼儿动手操作,教师观察、指导。

教师提问:你是用什么方法让它发出声音的?试一试其他东西,看看能不能发出好听的声音?

三、分享与交流

1.教师请小朋友演示他们的操作。

教师提问:你是怎样制造出好听的声音的?

2.引导幼儿归纳:用敲一敲、摇一摇的方法,可以制造出好听的声音。

活动4:我是快乐的小动物

活动目标:

乐意用语言和身体动作来表现动物的特征,体验游戏的乐趣。

活动准备:

材料准备:各种动物头饰若干。

活动过程:

1.让幼儿自主选择自己喜欢的动物头饰。

2.鼓励幼儿大胆地用身体动作来表现小动物的动作。

主题三 鱼儿游游游

主题说明

“哇，有鱼，有鱼！”悠游在水里的小鱼大鱼，总能吸引孩子们惊叹向往的目光。幼儿有着天生的好奇心，他们对小动物充满百看不厌的热情。对于小班幼儿而言，探索多姿多彩的水族世界，能引起他们的兴趣并使他们积极投身融入这个主题的课程活动。在“鱼儿游游游”的主题中，我们将引发幼儿对鱼的好奇心，让他们在惊喜、期待中进入有趣的课程学习。幼儿将分享自己已有的有关鱼的经验，在游戏中了解鱼的特征与习性。他们将有机会参观访问水族馆，观察欣赏不同的鱼并学习如何照顾鱼。幼儿园还可以为幼儿创造直接和鱼接触、饲养鱼、照顾鱼的环境，将鱼变成幼儿学习和生活的一部分。请与幼儿一起身临其境，悠闲自在地畅游在小鱼儿的世界吧！

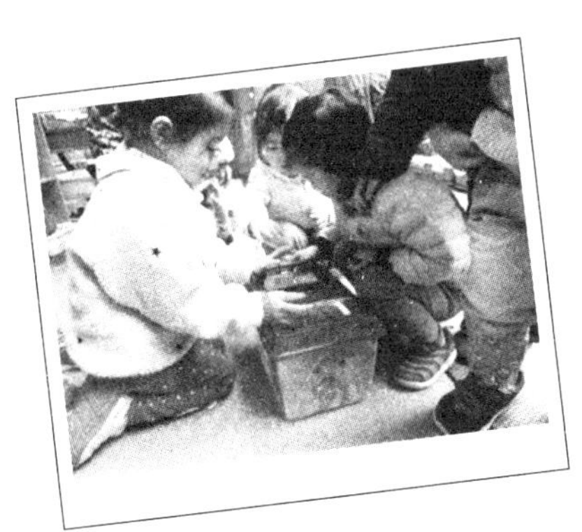

图3-1 金鱼游啊游

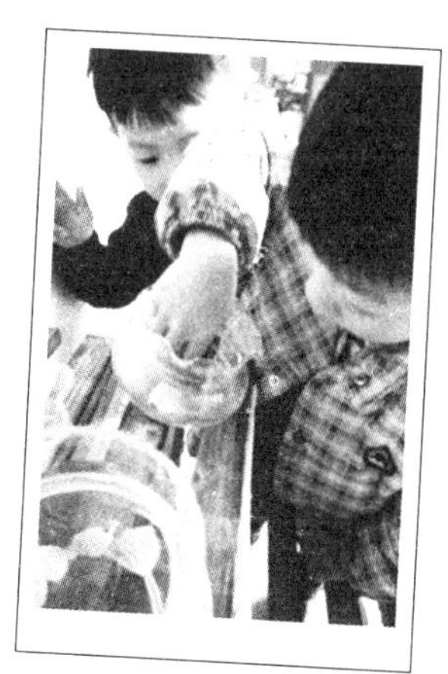

图3-2 我给小鱼加块石头

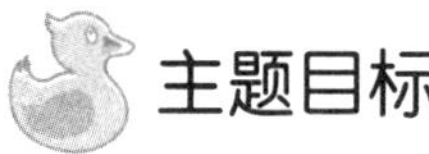

主题目标

1. 知道有各种各样的鱼,并产生探索鱼的好奇心。

2. 观察并了解水族馆里不同的鱼以及鱼的生活环境。了解鱼是怎么睡觉、游动、呼吸和生宝宝的。

3. 了解斗鱼、魔鬼鱼、鲶鱼等有趣的鱼的特征。

4. 有保护动物的意识。

主题	集中教育活动	区域游戏活动
鱼儿游游游	活动1:鱼儿多多	活动1:小鱼来做客
	活动2:参观水族馆	活动2:一起养鱼吧
	活动3:多姿多彩的鱼	活动3:再见,小鱼
	活动4:鱼儿妙事多	活动4:它是鱼吗

集中教育活动

活动1:鱼儿多多

活动目标:

1. 尝试描述鱼的外形,如颜色、大小、花纹等。

2. 知道有各种各样的鱼,并产生探索鱼的好奇心。

活动重难点:

尝试描述鱼的外形,如颜色、大小、花纹等。

活动准备:

材料准备:幼儿每人带来的鱼的彩色图片、教师在大海报上绘制的蓝色海洋的背景图、胶棒。

活动过程：

一、看一看，说一说

出示各种鱼的图片后教师提问。

教师提问：这条鱼是什么颜色？这条鱼是大还是小？这条鱼的花纹怎么样？

二、请幼儿向大家介绍自己带来的鱼的图片

教师提问：你带来的是什么样的鱼？它长什么样子？它和别的鱼有什么不一样？

引导幼儿从鱼的大小、颜色、外形特征等角度进行描述。

教师小结：我们生活当中有各种各样的鱼，它们的颜色、大小、花纹也不同。

三、请幼儿把自己带来的鱼的图片粘贴到海洋背景图上

全班幼儿一起分享海洋背景图上的鱼，引导幼儿讨论关于鱼的一些问题。

教师提问：鱼生活在哪里？鱼的家是什么样子的？真正的鱼生活在哪里？你在什么地方看到过鱼？

活动2：参观水族馆

活动目标：

1. 观察并了解不同的鱼以及鱼的生活环境。

2. 大胆提问并讲述关于鱼的话题。

活动重难点：

观察并了解不同的鱼以及鱼的生活环境。

活动准备：

1. 材料准备：故事《美丽的鱼缸》，相机或摄像机。

2. 经验准备：活动前联系水族馆进行参观活动，并邀请工作人员为幼儿解说。

活动过程：

一、教师向幼儿介绍参观水族馆的主要目的以及注意事项

参观水族馆，提出任务。

教师提问：你知道都有些什么样子的鱼吗？你知道鱼的家是什么样子的吗？今天我们就一起带着这个问题，去水族馆看看。

二、提醒幼儿听从水族馆工作人员的安排，有序文明地参观

教师带领幼儿一起参观水族馆，并在参观过程中拍照或录像。

1.参观水族馆的过程中，请幼儿仔细观察各种鱼的样子以及鱼的生活环境，鼓励幼儿有礼貌地向工作人员提问。

教师提问：这是什么鱼？长什么样子呢？它生活的环境怎么样？

2.请水族馆工作人员介绍养鱼的注意事项，请幼儿认真聆听。

3.鼓励有疑问的幼儿向水族馆的工作人员提问，寻求答案。

教师提问：你在观看的过程中有什么发现呢？你遇到什么问题了吗？

三、回到幼儿园后，教师播放参观水族馆的照片或视频，鼓励幼儿分享参观水族馆的所见所闻，激发幼儿养鱼的兴趣

教师提问：你看到了什么样子的鱼？(鼓励幼儿从颜色、大小、形状等方面描述)

活动3：多姿多彩的鱼

活动目标：

1.认识斗鱼、魔鬼鱼、鲶鱼的基本特征。

2.对各种各样的鱼产生好奇心和探究的愿望。

活动重难点：

认识几种鱼的特征。

活动准备：

材料准备：斗鱼、魔鬼鱼、鲶鱼等的图片。

活动过程：

一、我最喜欢的鱼

教师提问：之前去水族馆，你最喜欢哪种鱼？为什么？和身边的小朋友说一说。

二、最特别的鱼

1.出示鱼的图片，请幼儿描述各种鱼的外形特征，教师和幼儿共同探讨介绍这些鱼的特别之处。

教师提问：图上有什么鱼？你认识它们吗？这条鱼长什么样子？你知道它是什么鱼吗？

2.教师引领幼儿了解图中各种鱼有趣的特点。

教师提问：这条鱼和其他的鱼有什么不同的地方呢？每一种鱼都认为自己最特别，你觉得哪种鱼最特别呢？

三、养成爱护鱼的意识

教师提问：你最喜欢哪种鱼？为什么？可以用什么方式来表达自己的喜欢呢？

教师小结：水族馆里还有很多很有趣、很特别、很厉害的鱼！我们要爱护鱼。

活动4：鱼儿妙事多

活动目标：

1.了解鱼的基本习性。

2.尝试根据画面猜测、讲述鱼的基本习性。

活动重难点：

尝试根据画面猜测和讲述鱼的基本习性。

活动准备：

材料准备：鱼儿静态图、鱼儿产卵图、鱼缸。

活动过程：

一、引导幼儿说出对鱼的哪些事情有兴趣

请幼儿结合自己平时对教室中鱼缸里鱼的观察，交流鱼的基本习性。

教师提问：鱼儿会睡觉吗？吃饭是怎样吃的？它会生宝宝吗？

二、出示图片，请幼儿观察，认识不同鱼的鱼鳍，并观察鱼缸里鱼游动时鱼鳍摆动的样子，了解鱼鳍的作用

教师提问：你会游泳吗？游泳的时候手和脚要怎么样？鱼儿没有手，也没有脚，它是怎么游泳的呢？鱼的身上有很多鱼鳍。猜一猜鱼背上的鳍叫什么？腹部上的鱼鳍叫什么呢？你知道这些鱼鳍的作用了吗？

三、请幼儿观察图上的画面，认识鱼卵，并了解鱼是怎样生宝宝的

1. 了解小鱼是怎么生出来的。

教师提问：你知道小鱼是怎么生出来的？画面上这些圆圆的东西是什么？

2. 和同伴分享你知道的鱼。

教师小结：今天我们了解了很多鱼的秘密。你对鱼的哪些事最感兴趣呢？和你身边的小朋友一起讲一讲吧。

区域游戏活动

活动1：小鱼来做客

活动目标：

1. 根据图画顺序讲述画面内容。

2. 学习布置鱼缸的方法和步骤。

活动准备：

材料准备：玻璃鱼缸、观赏性的小鱼（鱼的数量不要太多，视鱼缸的大小而定，给鱼比较宽阔的空间）；放置了一段时间的清水、小石子（底砂）、水草、鹅卵石、玻璃球、贝壳等装饰物；捞鱼网、塑料小铲子、塑料杯。

活动过程：

一、了解布置鱼缸的材料与方法

教师引导语：养鱼需要准备哪些东西呢？如果要养鱼，我们必须先帮鱼把家准备好。

二、学习布置鱼缸的步骤

教师带领幼儿一起布置鱼缸。每布置一样东西之前，可以引导幼儿先猜猜它的用途，教师再一边说明一边进行布置。

1. 请幼儿把小石子放在塑料盆里用清水洗干净之后放在一个小桶里。

2. 请幼儿用小铲子铲起小石子倒入鱼缸中，并用手掌轻轻把小石子铺平。

3. 为了让鱼缸变得更漂亮，请幼儿把鹅卵石、玻璃球、贝壳等装饰物放入鱼缸。

4. 教师用塑料杯把放置了一段时间的清水倒入鱼缸。

5. 请幼儿捏住水草的根把水草埋进小石子里固定好。

三、教师小心地将小鱼慢慢倒入鱼缸，请幼儿欣赏并欢迎小鱼的到来

教师提问：小鱼长什么样子？（请幼儿大胆表述）你们喜欢小鱼吗？我们可以说一句什么话来欢迎它来班里做客呢？你想给小鱼起一个什么样的名字呢？

用小鱼的新名字和它打声招呼吧。×××小鱼，你好！

让幼儿逐个和小鱼打招呼，进一步激发每位幼儿对小鱼的好感。

活动2:一起养鱼吧

活动目标:

1.熟悉并遵守给鱼喂食、换水的方法和要求。

2.用符号记录做过的事情和观察的结果。

活动准备:

材料准备:养鱼记录表、鱼食等。

活动过程:

1.教师引发幼儿产生养鱼的兴趣和责任感。

教师提问:小鱼来到了我们的班级,怎么才能让小鱼健康快乐地成长呢?让我们班里的每一个小朋友都来做小鱼的保护神吧。

教师提问:如果大家都想照顾小鱼怎么办呢?

教师小结:我们一起来看看这张值日表,大家每天轮流照顾小鱼。

2.教师向幼儿宣布班级内的养鱼任务。

请幼儿轮流做值日生,带领幼儿了解养鱼记录表的用法。

(1)给鱼儿喂食。教师根据鱼儿的数量分配好喂食的量,用小塑料袋装起来。每天早晨安排一名幼儿喂食,喂过食后在表格相应的地方打"√"或者盖上一个小印章。

(2)观察鱼儿的活动状态。教师每天安排两名幼儿观察鱼儿的活动状态,在下午离开幼儿园之前根据鱼儿吃食、游动的活跃程度,在"养鱼记录表"中不同的脸部表情处打"√"。

(3)给鱼儿换水。每周可以给鱼儿换两次水,教师视鱼缸里水的情况决定换水时间,每次换水时请3~5名幼儿协助做些力所能及的事。换过水后在值日表相应的地方打"√"。

活动3:再见,小鱼

活动目标:

1.尝试理解鱼儿会生病或死亡的自然现象。

2.学习告别死亡的小鱼。

活动准备:

材料准备:与死亡的鱼大小相适应的小盒子,教师要提前确认鱼缸里有死亡的鱼。

活动过程:

1.教师用稍显低沉的语气导入小鱼死亡的话题。

教师提问:这条小鱼怎么了?(教师指着鱼缸里一条已经死亡的鱼向幼儿提问)

小鱼为什么会死?(帮助幼儿了解小鱼也会生病,病得厉害了有时就会死亡)

死亡的小鱼是什么样子的?(引导幼儿理解小鱼死亡后就不能游泳了,会沉在鱼缸底部)

鱼缸里的小鱼死了以后,我们该怎么办?

2.教师将死鱼装入盒子里,带领幼儿在幼儿园花园的一角或其他适宜的位置用土埋葬起来,并引导幼儿告别。

教师小结:小鱼过去是我们的好朋友,现在它死了,我们也不用太伤心。因为我们一直都在悉心照料小鱼,小鱼很感谢大家对它的照顾,让我们轻轻地和它说一声“再见,小鱼”。

活动4:它是鱼吗

活动目标:

1.理解讨论的话题并比较清楚地表达自己的观点。

2.通过讨论,了解鱼区别于其他动物的特征。

活动准备:

材料准备:鱼的参考资料。

活动过程:

1.教师说出各种动物,请幼儿讨论这些动物与鱼相同和不同的地方,并说出这些动物是否是鱼。

教师提问:青蛙是鱼吗?青蛙和鱼有哪些一样的地方?哪些不一样的地方?小蝌蚪是鱼吗?虾是鱼吗?

2.教师参考鱼的参考资料,用幼儿能听懂的语言向幼儿简单介绍鱼区别于其他动物的特征。

主题四 身边的电器

主题说明

我们都知道，家用电器无处不在，随处可见，而且种类也很多。虽然幼儿知道家用电器且经常使用它们，但他们对家用电器并不太了解。因此，使幼儿形成对家用电器正确的认识，学会正确使用操作电器和掌握用电的安全常识真的很重要。正如《幼儿园教育指导纲要（试行）》中所说，既符合幼儿的现实需要，又有利于其长远发展；既贴近幼儿的生活来选择幼儿感兴趣的事物和问题，又有助于拓展幼儿的经验和视野。因此，此活动既来源于生活，又能服务于幼儿的生活。在“身边的电器”这个主题里，我们将带领幼儿了解身边的电器，使他们通过观察、操作等方法知道家用电器的特征及用途；感受家用电器给我们带来的方便；掌握使用家用电器的安全常识，让幼儿学会保护自己。

图4-1 饮水机是电器

图4-2 电子白板需要插电才能用

主题目标

1.知道家用电器的用途,了解其工作原理。

2.了解常用家用电器的特点、功能和它们与人们生活的关系,形成粗浅的家用电器概念。

3.了解电风扇的不同分类。

4.知道电有危险,知道要安全使用家用电器和安全用电。

主题	集中教育活动	区域游戏活动
身边的电器	活动1:家里的电器	活动1:好玩的电动玩具
	活动2:电器大集合	活动2:电动玩具的秘密
	活动3:电风扇	活动3:摩擦起电

集中教育活动

活动1:家里的电器

活动目标:

1.对家里电器的各项功能感兴趣。

2.能大胆说出自己的发现。

3.知道家用电器的用途,了解其工作原理。

活动重难点:

能大胆说出自己的发现。

活动准备:

材料准备:常见家用电器的图片;活动室内放置一些常用的小电器。

活动过程：

一、歌曲导入

共同演唱歌曲《幸福的一家》。

教师提问：今天我们一起来了解家里的电器。什么叫作电器？你家里有哪些电器呢？

教师小结：要通上电才能工作的机器叫作电器。家里有电灯、电风扇、空调、电视机等很多家用电器。

二、认识电器

1. 出示小台灯，提出问题。

教师提问：我今天给小朋友们带来了一个小台灯，咦，它怎么不亮呢？它的电源是什么样子的？电线和插头又是什么样子的？

教师小结：电器没有通电就不能工作，家用电器有一根长长的电线，就像是电器的小尾巴，插头部位有的是两个金属片，有的是三个金属片。

2. 寻找教室里的电器。

教师提问：小朋友们找一找，在我们的教室里有哪些电器？能工作吗？插头在哪里？

教师小结：教室里有电视机、空调，插上插头、打开开关，就可以工作。

3. 出示图片，了解家电的用途。

教师提问：电视机有什么作用？你还知道哪些电器？作用是什么？

教师小结：电器的作用各不相同，但都让我们的生活更方便。

三、安全用电小卫士

教师提问：你知道怎样安全使用电器吗？

教师小结：不能随便乱摸插头和插座；不能用湿的物品触碰电器；不用时要及时关闭等。我们要争当安全用电小卫士。

活动2:电器大集合

活动目标:

1.对家用电器感兴趣。

2.初步感受常用家用电器的特点、功能和它们与人们生活的关系。

3.了解家用电器的正确使用方法。

活动重难点:

了解常用家用电器的特点、功能和它们与人们生活的关系。

活动准备:

材料准备:吹风机、数码相机、剃须刀、榨汁机;大量家用电器的图片。

活动过程:

一、实物导入,引起幼儿的兴趣

教师提问:(出示吹风机)这是什么呀?你们家里有吗?后面长长的线有什么用呢?

二、扩展经验,了解其他家用电器的名称、功能

1.认识的家用电器。

教师提问:你家里有哪些家用电器呢?你还见过什么家用电器吗?今天老师也把自己家里的家用电器带来了,我们一起来认一认。你知道它们都有什么用吗?

教师小结:不同的家用电器有不同的作用,可以让我们的生活更方便。

2.出示图片,玩游戏。

教师提问:老师搬家了,你们来帮帮忙,帮我把这些家用电器放到新房子的不同房间里可以吗?厨房、卧室、卫生间、客厅应该放哪些家用电器呢?

教师小结:不同的房间,会摆放相应功能的家用电器。

三、操作家用电器,体验榨汁机给我们的生活带来的便利

教师提问:(出示榨汁机)刚刚认识了那么多家用电器,现在就让它来为我们服务吧。这是什么家用电器呢?我们应该怎样使用这个榨汁机呢?

教师小结:榨汁机真是我们的好朋友,让我们快速喝到了果汁。

四、和好朋友一起分享

好喝的果汁做好啦,让我们一起分享吧。

活动3:电风扇

活动目标:

1.认识电风扇的结构和用途。

2.了解电风扇的不同种类。

3.大胆表达对电风扇的认识。

活动重难点:

认识电风扇的结构和用途。

活动准备:

材料准备:PPT。

活动过程:

一、猜物体,激发兴趣

播放PPT中电风扇的组成部分,感知其外形特征。

教师提问:你知道这是什么吗?你是怎么知道的?

二、请幼儿结合生活经验讲述自己认识的电风扇

1.讲述自己认识的电风扇。

教师提问:你还见过什么电风扇?是什么样子的?

2.认识更多的电风扇。

(1)认识空调扇、吊扇。

教师提问:我们一起来认识一下更多的电风扇。看看这些电风扇,你认识吗?它们有什么特点?

(2)不同电风扇的独特之处和相同点。

教师提问:你们发现了吗,虽然都是电风扇,它们的样子却完全不同。你们还知道它们有什么不一样的地方吗?

教师小结:电风扇虽然各不相同,但是都有叶片、按钮或旋钮,各种电风扇根据它们放的位置不同,可以分为放在桌子上的台扇,放在地上的落地扇,吊在屋顶上的吊扇及挂在墙壁上的壁扇。

三、拓展延伸,继续在家中寻找电扇

教师小结:回家后,请小朋友和爸爸妈妈找找家里的电风扇。

区域游戏活动

活动1:好玩的电动玩具

活动目标:

1.初步培养幼儿动手动脑的能力。

2.爱惜玩具,懂得分享。

3.了解电动玩具的特点,初步学会电动玩具的正确玩法。

活动准备:

材料准备:歌曲《爱惜玩具》,活动前请幼儿每人从家里带一样电动玩具来园,电动小狗与布偶小狗。

活动过程:

一、对比观察,引出课题

教师出示两只小狗玩具,一只是电动小狗,一只是布偶小狗。请小朋友来玩玩具小狗,并让幼儿说一说两只玩具小狗有什么不同。

二、幼儿自由探索各种电动玩具的玩法

1.请幼儿自由玩自己带的汽车、小火车、小鸡、小鸭等电动玩具,互相介绍自己的玩具是怎样玩的。

2. 请个别幼儿向全班小朋友演示电动玩具的玩法，并让小朋友说说这些电动玩具有什么特点。

教师提问：如果没有电池，电动玩具还能动吗？如果开关没打开，电动玩具还能动吗？

教师小结：电动火车、电动手枪等许多玩具必须装上电池、打开开关才能动起来，所以它们叫电动玩具。

3. 教师与幼儿一起找一找各个电动玩具放电池的位置和开关，教师讲解正确的操作方法。

4. 幼儿互换玩具，使幼儿懂得要一起分享好玩的玩具。

三、组织幼儿欣赏儿歌《爱惜玩具》，培养幼儿爱惜玩具的品德

教师提问：接下来老师为大家播放一首歌，请你听听这首歌讲了什么呢？

活动2：电动玩具的秘密

活动目标：

1. 幼儿通过亲自动手操作，激发幼儿摸索电动玩具的兴趣。

2. 体验找到能使玩具动起来的乐趣。

活动准备：

材料准备：电动玩具若干、图片（电池宝宝和它的家）。

活动过程：

一、动手操作，寻找玩具不动的原因

1. 教师提问：小朋友，你们看，这是什么呀？今天老师带来了许多好玩的电动玩具给你们玩。这儿有许多好玩的电动玩具，你们可以去找你们喜欢的，让它动起来。

2. 幼儿动手操作。

教师提问：咦？为什么你们的电动玩具不会动呀？（幼儿回答）电动玩具会动

呀？那我们来找找看，里面是不是真的有电池。

二、自立摸索，认识安装电池

1. 展示图片，寻找并认识电池。

(1)寻找并认识电池(教师请一幼儿寻找电池，找到后请幼儿观察电池)

教师提问：电池宝宝长什么样呢？

教师小结：电池宝宝有头有身体，突出的是它的头，圆的是它的身体。

(2)自立摸索，安装电池。

教师提问：原来只有装了电池，电动玩具才会动。那你们想不想让你们的电动玩具也动起来呢？

2. 交流安装电池的经验。

教师提问：此刻你们的电动玩具都会动了吗？

(1)有部分幼儿的玩具动了，有部分幼儿的玩具不会动。

提问：为什么有的小朋友的玩具会动，而有的不会动呢？我们请一个玩具会动的小朋友来讲讲看为什么他的玩具会动，看他是怎么安装电池的？

(2)幼儿都学会安装电池。

教师提问：我们小朋友都很聪明，你们的电动玩具都会动了。那么谁来告诉老师，你是怎么让你的电动玩具动起来的？是怎么安装电池的？(幼儿再次安装电池，可相互换玩具安装电池)

教师小结：原来电动玩具必得装上电池才会动，在装电池时，必须得让电池宝宝的身体靠在弹簧上，如果装反了，电动玩具是不会动的。

三、分享快乐，体验成功

教师引导语：今天小朋友们让电动玩具都动了起来，电动玩具可高兴了，它们还想演出给老师看呢！请你们带它们去，好吗？

活动3:摩擦起电

活动目标:

1. 培养幼儿对科学实验的兴趣。

2. 使幼儿初步了解物体摩擦可以产生电的现象。

活动准备:

材料准备:塑料尺、碎纸屑若干、乒乓球。

活动过程:

1. 先让幼儿用塑料尺直接去吸小纸屑,看看小纸屑是否能被吸附起来。

2. 请幼儿将塑料尺在手上、头发上或衣服上不断摩擦,再去吸纸屑,看看会发生什么现象。

3. 可将塑料尺换为乒乓球进行实验。

温馨提示:提醒幼儿摩擦时要多用力,摩擦时间越长效果就会越明显。天气越干燥,实验越容易出效果。尽量不要选择在天气潮湿、雨水频繁的时候进行实验。

九龙坡机关幼儿园乐游课程

"慧探"科学

——幼儿园科学活动

教学指导用书（中班）

刘丽 主编

西南师範大學出版社
国家一级出版社 全国百佳图书出版单位

目录

CONTENTS

中班上期科学活动

主题一 多彩的秋天

主题二 它们作用大

主题三 各种各样的交通工具

主题四 神秘的魔术

中班下期科学活动

主题一 七彩春天

主题二 小小科学家

主题三 昆虫大集合

主题四 我们身边的科学

课程说明

课程是实现幼儿园教育目的的手段，是帮助幼儿获得有益的经验、促进其身心全面和谐发展的各种活动的总和。因此，幼儿园课程在幼儿园教育中有着举足轻重的地位，也十分自然地成为幼儿园教育改革的重点。

随着幼儿园课程改革的深入，特别是近年来我们对学龄前儿童的特点和学前教育价值的进一步认识，我们在不断学习、不断反思的基础上，对幼儿园课程的特点、内容及组织形式有了深层次的理解。因此，以新的教育理念和课程观作为构建幼儿园课程的指导方针，就成为在幼儿园教育实践中广大幼教工作者的强烈需求。

如今，我国儿童科学教育无论在实践还是在研究领域，都处于一个相对薄弱的阶段。由于科学教育研究起步相对较晚，对科学教育的许多问题的研究尚处于起始阶段，一定程度上难以有效地为教育实践提供更为直接和具体的指导。在具体的科学实践中，广大的教育工作者也面临着诸多的困惑，常常在教学过程中感到不知所措，期待得到更多的引领和指导。正是基于这样的背景和基础，近年来，我园一直重视对科学活动的研究，试图弥补科学教育这块短板。

我们以培养幼儿良好的科学素养为目标，以小组学习共同体的形式，在全园尝试开展园本科学课程的研究。值得欣喜的是，在专家和领导的指导下，在教师自身的努力下，研究有效地激发了我园教师、儿童爱科学、学科学的热情，逐渐形成了内容较为广泛的、具有机关幼儿园特色的科学课程。

我园的“慧探”科学课程，旨在按照立德树人的要求培养幼儿的科学素养，为他们的继续学习和终身发展打好基础。

“慧探”科学课程是一门基础性课程。早期的科学教育对一个人的科学素养的形成具有十分重要的作用。通过“慧探”科学课程的学习，幼儿能体验科学探究的

过程，初步习得科学方法，逐步积累科学经验，形成积极、求真的科学探究习惯，为今后的学习、生活以及终身发展奠定良好的基础。

“慧探”科学课程是一门实践性课程。“慧探”科学课程把探究作为幼儿学习科学的重要方式，强调从幼儿熟悉的生活出发，通过幼儿动手动脑等实践活动，了解科学探究的具体方法和技能，理解基本的科学知识，发现和提出生活实际中的简单科学问题，并尝试用科学知识和方法予以解决。

“慧探”科学课程是一门综合性课程。理解自然现象和解决实际问题需要综合运用不同领域的知识和方法。“慧探”科学课程针对幼儿身边的现象，从有生命物质、无生命物质、自然科学现象、科学技术四个内容出发，综合呈现科学知识和科学方法，强调这四个方面的知识之间的相互渗透和相互联系，注重自然世界的整体性。同时，注重学习内容与已有经验的结合、动手与动脑的结合、知识学习与动手实践的结合、理解自然与解决问题的结合，促进幼儿的全面发展。

“慧探”科学课程以解决儿童生活中的具体科学问题为指向，从儿童生活中所遭遇的科学问题入手，利用儿童已有的日常科学概念或经验，通过解决生活中的具体问题让儿童学习科学、理解科学，并逐渐了解科学知识对于生活的意义。科学学习并不是把儿童带入茫茫无边的琐碎生活之中，而是将科学知识的学习和运用融入儿童的生活，让儿童在面对真实的科学问题时能不断地思考、不断地探究、不断地发现、不断地学习。

因此，“慧探”科学课程的理念是：生活处处有科学，科学处处有生活。

“慧探”科学课程的设计遵循《3—6岁儿童学习与发展指南》的基本精神，充分考虑幼儿的年龄特点与认知规律，反映国际、国内科学教育的最新成果，同时兼顾我园科学教育的实际情况。本课程把学前科学教育学习划分为小班、中班、大班三个学段。

“慧探”科学课程以培养幼儿科学素养为宗旨，涵盖科学知识、科学方法、科学态度三个方面的目标，每个方面都分为总目标和学段目标。“慧探”科学课程内容以幼儿能够感知的有生命物质、无生命物质、自然科学现象、科学技术中一些直观、典型的，幼儿有兴趣参与学习的重要内容为载体，让幼儿了解科学探究方法，培养幼儿对科学的兴趣和积极的探究品质。

“慧探”科学课程标准见表1：

表1 “慧探”科学课程标准

一	前言	**课程性质：**“慧探”科学课程是一门基础性、实践性、综合性的课程。
		基本理念：生活处处有科学，科学处处有生活。
		设计思路：“慧探”科学课程的设计遵循《3—6岁儿童学习与发展指南》的基本精神，充分考虑幼儿的年龄特点与认知规律，反映国际、国内科学教育的最新成果，同时兼顾我园科学教育的实际情况，把学前科学教育学习划分为小班、中班、大班三个学段。
二	课程目标	**总目标：**“慧探”科学课程的总目标是培养幼儿的科学素养。从科学的情感和态度、科学研究过程和方法、科学知识和经验三个方面阐述具体目标。
		学段目标：根据幼儿的年龄特点和发展水平的不同，同样的主题核心点进行由表及里、由易到难、由现象到本质的渐进性变化。
三	课程内容	主要包含有生命物质、无生命物质、自然科学现象、科学技术四个领域。 **有生命物质：**动物、植物、人体。 **无生命物质：**日月星、水、空气、沙土石、人造物体、环境。 **自然科学现象：**声音、光、冷与热、电、力、磁、化学现象。 **科学技术：**电器等科学技术产品、科学技术与人的关系。
四	课程实施建议	**教学目标建议：**把握具体活动的教学目标与学段目标、课程目标的关系。 **教学资源使用建议：**依据不同班级的幼儿的不同状况，创造性地使用教材。 **教学活动建议：**开展探究式学习，真正支持幼儿的科学学习。

课程标准分别从科学的情感和态度、科学研究过程和方法、科学知识和经验三个方面阐述具体目标。

1.科学的情感与态度

幼儿科学教育旨在启蒙幼儿的科学素养，不应为追求知识和技能的掌握，而忽视幼儿科学情感和态度的培养。必须在科学教育过程中渗透情感教育，注重幼儿科学的情感和态度的培养，以求幼儿的情感与意识的发展，形成完整的人格。

古希腊有位哲人普罗塔哥拉曾说过：“头脑不是要被填满的容器，而是一把需要被点燃的火把。”作为教育者，用自己的火种点燃孩子生命的火花，注入饱满的情

怀,这是时代赋予的责任。

(1)好奇心和探究欲望。幼儿有认识自然现象的兴趣与探究科学真理的欲望,会主动求知。

(2)不怕困难。科学探究还需要有不怕困难、不轻言放弃、坚持探索的品质,这样才能更接近科学的实质。

(3)合作交流。乐于和同伴进行合作交流,互相学习,互相支持并提出合理的建议。

(4)关爱周围世界。环境恶化如此迅速的今天,在科学教育过程中引导幼儿关注周围世界,懂得保护环境、珍惜资源显得尤为重要。

2. 科学研究过程和方法

国外发达国家都非常注重研究过程,重视幼儿在研究过程中的自我建构和体验。尽管幼儿不能像科学家那样精准、严谨地开展科学研究,但是在这个过程中,幼儿能发现问题、提出假设,并用多种方法解决问题。这些都会深深地埋在幼儿心底,为今后幼儿走进科学、热爱科学、探索科学的奥秘打下坚实的基础。

基本的研究方法如下:

(1)观察。观察是一种有计划、有目的、有组织、比较持久的高级知觉过程。观察也是认识事物的基本方式和科学活动的主要形式。如,幼儿观察后,发现影子与光源照射的物体形状有关。

(2)比较。比较是指对两种或两种以上的物体和现象进行比较,找出它们之间的相同点和不同点。比较是人思维过程中的重要环节,通过比较才能区分本质特征和非本质特征,形成更高一级的认识。

(3)猜想。大胆猜想是一种重要的探究方法,能推动幼儿有目的地进行探究。如,幼儿认为弹珠能浮在水面,他会采用各种方法达成目标。

(4)实验。有的探究活动是在控制条件的情况下,反复实验操作才能得到结果。如,探究哪种坡度的斜坡,能使小车最快到达地面。

3. 科学知识和经验

如今的科学教育,渐渐走入谈"科学知识"色变的误区。当幼儿形成错误的科学概念时，教师们畏首畏尾，小心谨慎地盘算着该不该修正，生怕自己走入知识至上的误区。这反而让孩子陷入了科学知识不准确的泥潭。科学是严谨的，对幼儿来说，正确的科学指引尤为重要。

由于幼儿年龄特点和发展水平的不同，即便同样的主题核心点也会出现由表及里、由易到难、由现象到本质的渐进性变化，见表2。

表2　幼儿科学素养渐进性变化

小班	对周边很多的事物和现象感兴趣；经常提问并喜欢摆弄材料；能在老师的支持和鼓励下，尝试分享和表达自己的发现；关爱身边的动植物。	能发现事物的某些显著特征；能用多种感官或动作去探索，并关注动作产生的结果和现象；能用简单的方式记录自己的发现。	认识常见物体、材料和现象以及它们的特性；感知与人的关系。
中班	喜欢接触新事物，探索热情高涨，乐在其中；乐于倾听和表达自己的发现；关爱动植物，能做力所能及的环保活动。	能进行比较观察，发现事物间的不同与相同；能有根据地进行猜测和假设；能掌握一定收集信息的方法；尝试运用一定的方法解决问题，并用不同的、简单易懂的方式进行记录。	能感知事物、现象的变化以及相互之间的影响；感知事物变化后对人的影响。
大班	对自己感兴趣的问题刨根问底，并能寻找到答案；乐于分享和交流自己的探究和发现；尊重生命、保护环境。	能充分调动自己的已有经验进行猜想和假设，尝试按计划进行探究；能搜索和用适宜的方式记录，并在此基础上得出结论。	能感知事物之间多方面的关系，探索发现现象产生的条件和影响因素；感知并理解变化的周期性及与人的关系。

“慧探”科学课程内容包含有生命物质、无生命物质、自然科学现象、科学技术四个领域。从这四个领域中选择适合幼儿学习的主要内容，通过以上课程内容的学习，可以为幼儿科学素养的初步培养和持续发展奠定良好的基础。

“慧探”科学课程实施建议分别从教学目标、教学资源使用、教学活动三个方面提出。这些建议汲取了当代学习理论与教学理论的精华，也是对近年来我国科学

教学经验的凝练与提升。

1. 教学目标建议

培养幼儿的科学素养是科学课程的宗旨。学前阶段的科学教学是为培养幼儿科学素养打基础的,科学教师应将科学素养的培养作为教学设计与实施的最高准则。在确定教学目标时既要关注科学知识,也要关注科学素养的其他成分,注重各方面目标的整合与平衡。

科学素养的形成是长期的过程,只有通过连贯、进阶的科学学习与亲历实践才能达成。科学教师应整体把握课程标准、教材的设计思路,了解课程标准、教材在科学素养培养上的纵向、横向脉络以及与其他学科的横向关联,知道每堂课的教学目标与学段目标、课程目标的关系,正确定位每节课的教学目标。

2. 教学资源使用建议

教学资源包括幼儿活动材料、教学用具和教师教学用书,它们是科学教学的重要资源,为科学活动的设计及实施提供了很大的便利。科学教师要创造性地使用教学资源。不同班级的幼儿存在着差异,教师应据此对教学资源做适切性的处理加工,这是科学教师专业素养的体现,也是科学教师发挥创造力的机会。

同时,也要在过程中收集相关教材的素材,为我们的"慧探"科学课程持续地注入新的、适宜的学习材料。

3. 教学活动建议

为了培养幼儿的科学素养,教师要为幼儿提供多样化的学习机会,如探究的机会,综合运用知识解决真实情境问题的机会,讨论辩论的机会,关心与环境、资源等有关议题的机会等。

例如开展探究式学习,这种符合幼儿天性的学习方式可以激发幼儿学习科学的兴趣,有利于幼儿对科学概念的理解,也是培养幼儿科学探究能力、科学思维能力、科学精神的有效学习方式。

指导幼儿进行探究式学习,应注意以下问题。

(1)重视探究活动的各个要素。科学探究包括提出问题、做出假设、操作记录、得出结论、表达交流等要素。每个要素都会涉及多种科学思维方法。只有让幼儿

有机会充分运用这些思维方法，科学思维才能逐渐形成。要避免程式化、表面化的科学探究。探究的问题可以来自幼儿，也可以来自他人。无论问题来自何方，都必须与幼儿探究能力的水平相符。在时间、空间都有限的课堂上，探究的问题应结构良好、容量合适，对于幼儿科学思维发展更有价值的真实问题也应该占有一席之地，时空的局限可以通过与综合实践活动课程或校本课程的结合等途径加以解决。

(2)处理好探究式学习中幼儿自主和教师指导的关系。探究式学习强调要以幼儿为主体，但这并不意味着教师要放弃指导。从幼儿原生态的发现活动到较严谨的探究性实验设计与操作，都离不开教师的精心指导。为了保证指导的适时有效，教师要对幼儿在探究中出现的问题保持高度的敏感，必要时给予适当的指导。指导要富于启发，最好是在教师的提示下幼儿自己发现问题所在。

(3)不要把探究式学习作为唯一的科学学习方式。科学素养包括多个维度，不同的素养要通过不同的学习活动加以培养，科学教师应尽可能掌握多种科学教学方法和策略。要多采用能激发幼儿兴趣、符合幼儿认知发展规律以及能充分调动幼儿积极性的教学方法和教学策略，使幼儿愿意主动学习。戏剧表演、科学游戏、科学小制作、直接观察等都是科学学习的有效方式。

中班科学活动总览表

探究对象	活动主题
有生命物质	• 多彩的秋天 • 七彩春天 • 昆虫大集合
无生命物质	• 它们用处大 • 各种各样的交通工具
自然科学现象	• 小小科学家 • 神秘的魔术
科学技术	• 我们身边的科学

中班上期科学活动

主题一 多彩的秋天

主题说明

秋天是丰收的季节，是花草树木变换的季节。幼儿的周围，都悄悄地发生着变化，面对纷飞的落叶、盛开的菊花，幼儿欣喜万分。为了让幼儿进一步认识秋天，了解秋天的主要特征，感受植物的变化，陶冶幼儿的审美情趣，我们开展了“多彩的秋天”的主题活动。

在“多彩的秋天”的主题活动中，幼儿通过观察落叶、制作标本，关注到身边植物的变化；通过动手记录，亲身感知，了解秋天气温的变化；通过动手操作，长期观察，发现秋天果实里种子的秘密……在活动中培养科学探究能力，发展幼儿观察能力。

图1-1 看看我捡的树叶

图1-2 闻一闻，树叶有什么味道呢

主题目标

1.初步感知秋天到了,人们的衣着、生活用品以及环境的变化。

2.尝试使用工具观察、对比,发现树叶的形状、大小以及叶脉的不同。

3.运用各种感官去观察认识菊花,知道菊花的品种是多种多样的。

4.了解种子的颜色、形状,能为常见水果的种子找到相应的果实。

主题	集中教育活动	区域游戏活动
多彩的秋天	活动1:天凉了	活动1:秋天变化大
	活动2:树叶大探秘	活动2:飘香的桂
	活动3:菊花朵朵	活动3:树叶找朋友
	活动4:种子藏在哪里	活动4:种子怎么了

集中教育活动

活动1:天凉了

活动目标:

1.对秋季环境的变化有进一步探索的兴趣。

2.初步感知秋天到了,人们的衣着、生活用品以及环境的变化。

3.尝试记录温度,绘制温度记录表,用表格表示秋天气温的变化。

活动重难点:

尝试记录温度,绘制温度记录表,用表格表示秋天气温的变化。

活动准备:

1.材料准备:天气热和天气凉时的幼儿照片,天热时和天凉时床上用品的对比图。

2.经验准备:活动前,引导幼儿观察人们的着装;和幼儿共同记录好的一个月的温度记录表(柱状图)。

活动过程:

一、谈话活动,初步感受天气变化

幼儿围圈而坐(天气好就到室外),请幼儿感受天气、气温,观察同伴的着装。

教师提问:今天的天气怎么样?是冷,还是热?今天我们穿的是什么衣服?

二、找一找,对比发现秋天的变化

1.对比观察,发现秋天给人们带来的变化。

(1)着装的变化。

出示天热和天凉时的幼儿照片,引导幼儿观察比较小朋友的着装变化。

教师提问:看看照片上小朋友的着装有什么不同?

(2)生活用品的变化。

出示天热和天凉时床上用品的对比图,引导幼儿观察比较。

教师提问:这两张小床有什么不同?你觉得现在适合睡哪张床?为什么?

教师小结:秋天到了,我们从短袖短裤,换成了长袖长裤;床上的凉席也换成了棉被,因为秋天到了,天气变冷了。

2.画画比比,感知秋天温度变化。

(1)出示统计好的温度记录表。

教师提问:这张温度记录表上的柱子表示什么意思呢?柱子高说明什么?柱子低呢?

教师小结:每一个柱子代表每一天的温度。柱子高,就代表温度高,天气热;柱子低,就代表温度低,天气凉。

(2)与幼儿共同绘制温度变化图。

教师提问:如果老师把代表每一天温度的柱子连起来,会是什么样子呢?像什么?猜一猜连起来的图形表示什么意思呢?

教师小结:连起来的图形是曲线图,便于我们发现温度的变化。

3.找找看看,发现植物的变化。

教师带领小朋友在周围环境中发现秋天给植物带来的变化。

教师提问:秋天到了,周围的植物会有变化吗?仔细观察,和大家分享你的发现吧!

教师小结:秋天到了,天气变凉了,有的植物的叶子变黄了落下来了,有的植物结出了果实。

三、活动延伸,继续记录秋日温度

鼓励幼儿将记录温度的习惯延续到每日活动中,感受长期记录带来的成就感。

教师提问:秋天的温度还会怎么变化呢?我们把每天的温度都记下来吧!

活动2:树叶大探秘

活动目标:

1.对树叶的形态、构成有进一步探究的兴趣。

2.感知树叶的多样性,知道不同树叶有不同的形态。

3.尝试使用工具观察,对比发现树叶的形状、大小以及叶脉的不同。

活动重难点:

尝试使用工具观察,对比发现树叶的形状、大小以及叶脉的不同。

活动准备:

材料准备:收集形状、大小、颜色不同的梧桐、银杏、黄桷树等树叶;放大镜,剪刀;常见树与树叶的图片。

活动过程:

一、情境设置,激发幼儿探索树叶的兴趣

创设情境,布置树叶博览会。

教师提问:各位植物学家,欢迎来到树叶博览会,今天邀请各位来揭开树叶的秘密,你们准备好了吗?

二、树叶大探秘,对比观察发现树叶的特点

1.欣赏感受,树叶种类多。

欣赏树叶，感受树叶种类的多样性。

教师提问：请各位植物学家们看看，这里的树叶你都见过吗？知道它是什么树的树叶吗？每片树叶都一样吗？

教师小结：我们周围有各种各样的树叶。

2. 对比观察，树叶大不同。

(1)对比观察树叶，分享交流。

幼儿挑选两片不同的树叶，对比观察，发现不同。

教师提问：仔细看一看、摸一摸、比一比，你手里的叶子有什么不一样的地方？

(2)结合图片，分享交流。

展示不同种类的大树以及相应的树叶，让幼儿观察。

教师提问：这三棵树你们认识吗？它们的树叶是什么样子的？一样吗？

教师小结：树叶有大小、形状、颜色的不同；不同种类的树，树叶也不相同。

3. 探索感知：树叶上有什么。

(1)请幼儿自选一片树叶，自由探索发现树叶的秘密。

教师提问：请植物学家们仔细观察，你们手里的树叶上都有些什么？旁边有些观察工具，看看能不能来帮忙。

(2)集体交流，梳理幼儿的发现。

教师提问：找找叶脉在哪里，它是什么样子的？像什么？和旁边树叶比一比，叶脉长得是不是一样的？

叶子上除了叶脉，还有什么？

看一看，摸一摸，同一片叶子的两面是一样的吗？

教师小结：树叶上有叶脉、叶肉、叶柄；叶子的正反面也是不一样的。

三、活动延伸：树叶大联想

出示不同形状的树叶，说说它们分别像什么。

教师提问：这些树叶的形状像什么？

活动3:菊花朵朵

活动目标:

1.欣赏菊花,懂得要爱护植物。

2.运用各种感官去观察、认识菊花的外形,知道菊花的品种是多种多样的。

3.能用语言和画图的方式描述自己的观察发现。

活动重难点:

观察常见菊花的外形,知道菊花的品种是多种多样的。

活动准备:

材料准备:不同菊花盆栽,菊花各种用途的图片。

活动过程:

一、谈话导入,激发兴趣

谈话引导幼儿回忆秋天的变化。

教师提问:现在是什么季节? 和夏天相比,秋天有些什么变化呢?

教师小结:秋天到了,天气变凉了,有的树叶变黄落下来了。但有一种花却是在秋天盛开的,你们知道是什么花吗?

二、观察菊花,认识菊花的外形

通过观察菊花盆栽,初步感受菊花的外形结构。

教师提问:花盆里的菊花是什么样子的?

教师小结:菊花由花朵、花茎和叶子等部位组成。

欣赏图片,了解各种各样的菊花。

1.菊花的叶子。

教师提问:菊花的叶子是什么样子的呢?

教师小结:菊花叶子是绿色的,边缘为锯齿状。

2. 菊花的花瓣。

教师提问：这里有好多好多的菊花呀，它们都是什么颜色的？

教师小结：菊花有很多不同的颜色。

教师提问：菊花的花朵像什么？

教师小结：菊花的形状各异，像豆芽、卷曲的头发、燃放的烟花、萝卜丝……

教师提问：有谁闻过菊花的味道？我们来闻一闻。

教师小结：菊花有很多不一样的颜色：黄色、橘色、粉色等，花瓣的形状也各不相同，菊花有一股特别的清香。

3. 美丽的菊花。

鼓励幼儿画出最喜欢的菊花的样子，进一步加深对菊花外形的认识。

教师提问：菊花有这么多不同的颜色和形状，你喜欢哪种呢？把它画下来吧！

三、分享交流，了解菊花的用途

幼儿交流菊花的用途，教师结合图片展示。

教师提问：菊花除了供人类观赏之外，还有什么用呢？

教师小结：菊花的作用很多。可以泡茶、当饮料，也可以入药。清明节用黄菊花和白菊花来祭祀亲人，表达我们对亲人的思念。我们在观赏菊花的时候，也要注意保护植物。

活动4：种子藏在哪里

活动目标：

1. 主动地参与探索活动，并对种子有进一步探索的兴趣。

2. 初步了解有些植物的种子藏在果肉里以及种子的作用。

3. 对比观察，发现不同植物种子的颜色、形状不同。

活动重难点：

对比观察，发现不同植物种子的颜色、形状不同。

活动准备:

1.材料准备:橘子、苹果若干,种子作用的PPT。

2.经验准备:幼儿已经认识、品尝过秋天常见的水果。

活动过程:

一、情境设置,激发兴趣

设置果子品尝会,激发幼儿参与活动的兴趣。

教师提问:秋天到了,果实大丰收,欢迎大家来到今天的果子品尝会。我们来看看今天有哪些美味的水果呢?

二、探究操作,种子藏在哪里

1.交流分享秋天的水果。

引导幼儿从名称、形状、味道等方面逐一介绍水果。

教师提问:你吃过哪些水果?它是什么样子?是什么味道的?

2.自主探究,找找橘子的种子。

(1)果子品品乐。

吃橘子、苹果,引导幼儿观察它们的种子。

教师提问:我们都来尝一尝橘子和苹果吧,它们的外皮下都是什么样子呢?

(2)果肉里的秘密。

教师提问:橘子吃起来怎么样?其实橘子里有一个小秘密,有人发现了吗?橘子的果肉里面藏着什么呀?苹果有吗?在哪里?

教师小结:橘子果肉里藏着一粒粒白色的小东西。它们就是橘子的种子。苹果核里也有苹果的种子,像黑色的大芝麻。

(3)对比观察。

教师提问:摸一摸,看一看,苹果的种子和橘子的种子有什么不同?

教师小结:它们颜色不同,形状不同,大小也不同。

三、揭秘种子,了解种子的作用

播放PPT,讨论分享。

教师提问:你知道种子有什么作用呢?我们一起来看一看。

教师小结：种子的本领可大了，如果把它放在泥土里，它会慢慢地发芽、长叶、开花，最后结出许多许多的果实；有的种子可以食用，也可以入药。

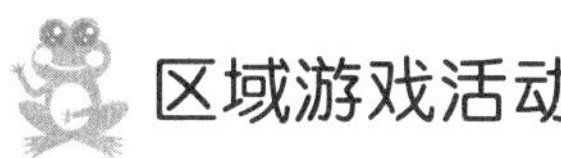

区域游戏活动

活动1：秋天变化大

活动目标：

1.感受秋天早上、中午、下午温度的差异。

2.能够观察到秋天里植物和动物的变化。

活动准备：

场地准备：适合散步的户外。

活动过程：

1.利用上午、中午、下午三个时间分段分别带幼儿穿同样的衣服到户外散步，感受秋天早晚凉、中午热的季节特征，提醒幼儿根据温度变化适时增减衣物。

2.在散步中，有意识地引导幼儿观察发现周围动植物的变化。

活动2：飘香的桂

活动目标：

1.能用多种感官感知桂花的特征，并能用简单的词句进行描述。

2.了解桂花的用途，知道桂花在秋天开放。

活动准备：

材料准备：正在开放的盆栽桂花或地栽桂花，桂花做的食品图片。

活动过程：

1.带幼儿到有桂花开放的地方，观察桂花的特征。

(1)闻闻桂花香。

教师提问:桂花闻起来怎么样?用好听的词语说一说。

(2)看看桂花形。

教师提问:你发现了桂花的哪些秘密?

可以从颜色、形状、花朵大小等方面启发幼儿。

(3)摸摸桂花叶。

教师提问:摸摸桂花叶子你有什么感觉?是什么形状的?

2.观看图片讨论:桂花在什么季节开放呢?桂花有什么用?

教师小结:桂花在秋天开。桂花可以用来观赏、美化环境,还可以做许多食品,比如桂花糖、桂花酒、花茶等。

活动3:树叶找朋友

活动目标:

1.能够依据树叶的形状、颜色等不同,将树叶分类。

2.在动手中进一步感受树叶的特征。

活动准备:

材料准备:收集的各种树叶、放大镜。

活动过程:

1.比一比。

教师提问:你发现这两片树叶有什么不同的地方?那它们有什么相同的地方吗?

2.找一找。

教师提问:这些树叶想找到自己的朋友,这个朋友要跟它有相同的地方,请你来帮帮它。可以按照什么共同的特征来帮它们找朋友呢?

活动4:种子怎么了

活动目标:

1.了解种子在泡水后颜色、硬度、大小、出芽等方面有变化。

2.通过对比观察,能比较全面地发现种子的变化。

3.感受生命的神奇,能积极表达自己的发现。

活动准备:

1.材料准备:玉米、稻米、橘子种子若干,以上种子若干浸泡水中(24小时)。

2.经验准备:认识常见的种子。

活动过程:

1.参观种子博览会。

引导幼儿通过看一看、摸一摸、掰一掰等不同方法,鼓励幼儿多感官参与观察,并尝试表达。

教师提问:这些种子你认识吗?大胆动手,去和种子宝宝玩一玩吧!

2.种子怎么了?

引导幼儿通过看一看、摸一摸、闻一闻、掰一掰等方法,对比观察发现种子浸泡前后的变化。

教师提问:种子有了哪些变化呢?变成什么样了?为什么会有这样的变化?

教师小结:种子浸泡后,颜色变淡了、变软了、变大了,有的还长出了小小的芽。太神奇了,新的生命开始啦!

主题二 它们作用大

主题说明

工具广泛存在于生活中。人的一生都离不开工具。对于中班幼儿来说,他们的生活周围也充满了各种各样的工具。他们见过大人使用不同的工具进行各种操作。但是,所有这一切的经验都只模糊地存在于他们的头脑中。正因为工具太常见,反而容易让人熟视无睹了。如何把这些经验从他们的脑海中唤醒,引导幼儿关注身边常见的工具,并尝试使用工具,激发他们的兴趣和好奇,是我们开展主题活动"它们作用大"的目的。

在主题活动中,幼儿通过亲手操作,收集工具,对工具进行分类,认识生活中常见的各种工具,了解它们不同的用途,愿意学习使用一些简单的工具,幼儿通过自己动手操作,体验工具带给人们生活的方便之处,同时,他们也能够尝试通过同伴间的合作完成一些任务,享受成功带来的满足感。

图2-1 放大镜让蜗牛变大啦

图2-2 不一样的笔画出来的线条有什么不同呢

主题目标

1.在探索中认识常用的笔的名称、结构以及用途。

2.尝试从颜色、形状、材质等多种角度描述筷子的主要特征。

3.认识放大镜,了解放大镜的组成部分和作用。

4.大胆探索,尝试使用不同的工具来区分米粒和豆子。

主题	集中教育活动	区域游戏活动
它们作用大	活动1:各种各样的笔	活动1:有趣的剪刀
	活动2:筷子作用大	活动2:螺丝螺帽大配对
	活动3:放大镜	活动3:水果榨汁机
	活动4:拯救豆宝宝	活动4:豆宝宝大变身

集中教育活动

活动1:各种各样的笔

活动目标:

1.对生活中各种各样的笔有探索的欲望。

2.在探索中认识常用的笔的名称、结构以及用途。

3.对比感知不同的笔画出的线条的不同。

活动重难点:

在探索中认识常用的笔的名称、结构以及用途。

活动准备:

材料准备:各种各样常见的笔(铅笔、圆珠笔、签字笔、钢笔、毛笔、水彩笔、油画棒等)每组一份;橡皮擦;画纸每人一张。

活动过程：

一、情境设置，激发幼儿对笔的探究兴趣

出示油画棒，导入活动，激发幼儿的好奇心。

教师提问：这是什么呀？油画棒今天会带我们去一个神奇的地方，那个地方有油画棒许许多多的朋友，我们去看看吧！

教师提问：欢迎来到笔之国，这里的笔都是油画棒的朋友，快来看看你认识哪些？它们长得一样吗？

教师小结：生活中有各种各样的笔。

二、展开探索，大胆探索笔里的秘密

1.看一看，摸一摸，各种各样的笔。

教师提问：选一只你认识的笔，它是什么笔？笔的身上都有些什么？它们都有什么作用？跟你旁边的朋友介绍一下。

教师小结：虽然笔的样子各不相同，但是大部分的笔都有笔杆儿、笔尖儿和笔帽儿。直直长长的笔杆儿让我们握住笔；下面的笔尖儿可以用来写字、画画；笔帽儿是用来保护笔尖儿的。

2.比一比，笔的外形特征。

(1)笔杆儿不同。

幼儿对比观察，不同笔杆儿的样子。

教师提问：每支笔的笔杆儿是一样的吗？有哪些不同？

教师小结：有的笔杆儿长，有的短；有的笔杆儿是木头做的，有的是塑料做的；有的笔杆儿有花纹，有的没有。

(2)笔尖儿不同。

继续对比，发现笔尖儿的不同。

教师提问：再看看笔尖儿，它们有什么区别。

教师小结：这些笔尖儿真有趣，有粗有细，有长有短，五颜六色。

(3)笔帽儿不同。

教师提问：所有的笔都有笔帽儿吗？每支笔的笔帽儿有什么不同？

教师小结:油画棒没有笔盖。不同种类笔的笔帽儿的大小、形状、颜色都不同。

三、画一画,线条变化大

涂涂画画,对比各种笔画出线条的不同。

教师提问:现在选择一支你喜欢的笔,让它把这张纸变漂亮吧!这些笔画在纸上是什么样子的呢?每支笔画出来的线条有哪些不同呢?

教师小结:不同的笔,在纸上画出的线条的粗细和颜色都不一样。

活动2:筷子作用大

活动目标:

1.知道筷子的用途。感受筷子给我们带来的便利。

2.尝试从颜色、形状、材质等角度描述筷子的主要特征。

活动重难点:

尝试从颜色、形状、材质等角度描述筷子的主要特征。

活动准备:

材料准备:共同收集各种样式及色彩的筷子若干双;用盘子盛好的纸条、蚕豆、花生、小木珠。

活动过程:

一、看一看:筷子展览会

将共同收集的筷子布置成展览会,引导幼儿观察。

教师引导语:我们一起去展览会看看我们收集的筷子吧!

二、帮一帮:筷子找朋友

1.幼儿帮自己手里的筷子配对。

(1)筷子配对。

每个幼儿拿一根筷子,引导幼儿观察不同的筷子,进行找朋友的游戏。

教师提问:平时我们看到的筷子都是两根在一起的,现在很多筷子找不到朋友了,请你快来帮帮忙吧。

(2)交流方法。

教师提问:你是怎样找到筷子的朋友的?

教师小结:每一双筷子的两根都是一模一样的。

2.对比观察,各种各样的筷子。

幼儿观察并描述自己手中的筷子。

教师提问:请小朋友看一看、摸一摸你们的筷子是什么样子的?它们是用什么材料做的?

教师小结:小朋友发现筷子有的颜色不一样,有的图案不一样,有的长短不一样,还有的材料不一样,比如有木头做的,有塑料做的,有竹子做的,有不锈钢做的。

3.想一想,筷子的作用。

教师提问:筷子有什么用呢?

教师小结:筷子虽然有很多的种类、颜色、图案,但是筷子的作用是一样的,它能帮助我们夹取食物、物品。

三、比一比,谁是用筷子的小能手

幼儿运用不同材质的筷子夹东西,感受不同材质的筷子夹取不同东西的感觉。

教师引导语:小朋友,活动区中投放了相应的筷子和物品,欢迎你们到活动区里来比一比,谁是使用筷子的小能手。

活动3:放大镜

活动目标:

1.感受放大镜给观察活动带来的便利,对放大镜有探索的兴趣。

2.认识放大镜,了解放大镜的组成部分和作用。

3.能够正确使用放大镜。

活动重难点：

认识放大镜，了解放大镜的组成部分和作用。

活动准备：

1.材料准备：放大镜每人1个；用来观察的实物，如昆虫标本、树叶、图书等；介绍放大镜应用的PPT。

2.经验准备：幼儿在活动区或生活中接触过放大镜。

活动过程：

一、出示标本，激发兴趣

出示昆虫标本，引起幼儿使用放大镜的兴趣。

教师提问：这里有一只蝴蝶，你们能看清楚它的眼睛是什么样子的吗？怎样才能看清楚呢？你有什么好办法？可以用什么工具来帮忙？

二、认识工具，自由尝试

1.认识放大镜的形状。

出示放大镜，观察其形状。

教师提问：放大镜是什么样子的？

教师小结：放大镜有一个长长的手柄和一个圆圆的身体。

2.了解放大镜的作用。

自由交流，了解放大镜的作用。

教师提问：放大镜有什么作用？你用过吗？谁会经常使用放大镜，为什么？

教师小结：放大镜可以把事物放大，方便我们进行观察。所以老人经常会使用放大镜。

3.自由尝试，探索放大镜的使用方法。

(1)鼓励幼儿使用放大镜。

教师提问：你能看清标本吗？怎样才能看清呢？

(2)师幼总结，使用放大镜的方法。

教师小结：将放大镜对准观察物上下移动，找到最适合的距离，才能看得最清楚。

三、扩展经验，感受放大镜的应用

播放PPT，进一步感受放大镜带来的便利。

教师引导语：放大镜这么厉害，在生活中也有很多用途，我们一起来看一看吧。

教师小结：望远镜、放映机、近视眼镜都运用了放大镜的原理，让我们的生活更方便、更美好。

活动4：拯救豆宝宝

活动目标：

1.大胆尝试，愿意表达自己的发现和疑问。

2.认识常见的工具，感受不同工具的不同用处。

3.尝试使用不同的工具来分离米粒和豆子。

活动重难点：

能够大胆探索，尝试使用不同的工具来分离米粒和豆子。

活动准备：

材料准备：装在碗中的米粒和豆子若干；筐、筛子、勺子、漏斗、碗、杯子、纱布若干。

活动过程：

一、情境设置，激发兴趣

教师为幼儿设置情境，鼓励幼儿积极思考。

教师提问：豆宝宝不小心跟米粒混在一起了，你们能想办法把豆宝宝救出来吗？

二、观察发现，尝试分离

1.观察碗里的米粒和豆子，尝试分离米粒和豆子。

教师提问：豆宝宝和米粒都在碗里吗？你能把米粒和豆子分开吗？用什么方法呢？

2.出示工具，让幼儿进行选择。

(1)提问,引导幼儿思考。

教师提问:用什么方法可以将它们分开?看看桌子上还有什么工具可以帮到你呢?它们有什么用?

(2)幼儿尝试分离米粒和豆子。

教师根据幼儿提出的建议,出示并介绍分离米粒和豆子的工具。

幼儿尝试用自己设想的方法利用工具分离米粒和豆子。

三、交流表达,拯救豆宝宝

1.幼儿大胆表达。

教师提问:你是用什么方法将米粒和豆子分开的?

2.思考最快捷的方法。

幼儿讲述自己分出米粒和豆子的方法,教师总结幼儿想出的方法。

教师提问:你觉得谁想出的办法最好,为什么?

区域游戏活动

活动1:有趣的剪刀

活动目标:

1.通过交流各自收集来的剪刀,了解各种剪刀不同的用途。

2.尝试使用花边剪刀,体验使用花边剪刀的乐趣。

活动准备:

材料准备:指甲刀、花边剪刀、手工剪刀等,胶棒,纸张。

活动过程:

1.幼儿交流经验。

引导幼儿将自己带来的剪刀介绍给大家,说说剪刀的名称和用途以及使用剪刀的感受。

2.幼儿体验剪纸。

引导幼儿使用各种剪刀剪纸,感受不同剪刀剪出的纸的不同。

3.剪纸拼贴。

引导幼儿将剪下来的纸进行拼贴。

活动2:螺丝螺帽大配对

活动目标:

1.初步认识螺丝的构造。

2.体验为螺丝与螺帽配对的喜悦。

活动准备:

材料准备:不同种类和大小的螺丝和螺帽。

活动过程:

1.引导幼儿通过观察发现螺丝和螺帽的特点。

2.螺丝和螺帽大配对。

幼儿探索如何让螺丝与螺帽相匹配,并交流分享方法。

教师小结:螺丝和螺帽有的是圆形,有的是三角形,相同形状的螺丝和螺帽才可以配成对。

活动3:水果榨汁机

活动目标:

1.关注生活中的小工具,了解榨汁机给人们生活带来的便利。

2.尝试使用替代工具榨出橘子汁。

活动准备:

材料准备:榨汁机、筷子、勺子、橘子、杯子。

活动过程：

1.出示橘子，激发幼儿思考榨出果汁的方法。

2.介绍材料，强调要求。

教师提问：每组有不同的工具，请大家自由选择一种工具（榨汁机、筷子、勺子），想办法把橘子里的汁弄出来。

3.幼儿操作，教师巡回指导。

鼓励幼儿尝试用不同的方法榨汁。

引导幼儿比较用榨汁机榨汁、筷子捣汁和勺子压汁的不同。

教师提问：哪种方法榨汁好，好在哪里？水果榨汁机还可以榨什么？榨汁机给哪些人带来了哪些方便？

活动4：豆宝宝大变身

活动目标：

1.观察豆浆的制作过程，并能发现“浆”的形成过程。

2.通过比较观察，初步区别黄豆、红豆、绿豆三种豆浆的不同。

3.大胆地交流自己的发现，感受豆浆机带来的便利。

活动准备：

材料准备：透明的全自动豆浆机三台，黄豆、红豆、绿豆若干，清水，杯子。

活动过程：

1.调动幼儿已有经验，导入做豆浆的活动。

2.教师操作，幼儿观察、了解制作豆浆的过程。

3.幼儿观察三种豆子在制作豆浆过程中的变化。

4.观察三种豆子做出来的豆浆，品尝豆浆。

主题三 各种各样的交通工具

主题说明

交通工具是现代社会生活中不可缺少的一部分。随着时代变化和科技的进步，我们周围的交通工具越来越多，给我们的生活带来了极大的方便。地上的汽车，海里的轮船，天上的飞机拉近了人们的距离。也许在不远的将来，人们就能去太空观光旅行了。

“各种各样的交通工具”是一个特别能吸引幼儿目光的主题，幼儿在主题活动中动手操作，动脑思考，用眼观察，联系自己的已有经验，认识常见的交通工具，感受交通工具为我们的生活带来的方便。

图3-1 篮子里的物品都是会滚动的

图3-2 纸杯和圆柱体积木滚起来不一样

主题目标

1. 对比观察,发现物体形状与滚动轨迹之间的关系。

2. 选择合适的材料,动手制作船帆。

3. 知道飞机的基本特征,了解飞机的组成部分。

4. 仔细观察,认识骆驼的身体结构和特征。

主题	集中教育活动	区域游戏活动
各种各样的交通工具	活动1:滚动吧	活动1:谁跑得快
	活动2:前进吧!帆船	活动2:小船,小船
	活动3:飞机飞上天	活动3:飞行器DIY
	活动4:沙漠中的交通工具	活动4:交通工具分类

集中教育活动

活动1:滚动吧

活动目标:

1. 在活动中大胆表达自己的发现,对滚动的物品有持续探究的兴趣。

2. 知道能滚动的物体的形状特征。

3. 对比观察,发现物体的形状与滚动轨迹之间的关系。

活动重难点:

通过对比观察,发现物体的形状与滚动轨迹之间的关系。

活动准备:

材料准备:各种形状的物品(方形积木、三角形积木、小圆球、纸杯、羽毛球、锥体塑料玩具、茶叶筒);每一组一个绿筐,一个红筐;圆柱体和纸杯人均一个;记录表。

活动过程:

一、猜一猜,什么形状的物体可以滚动

1.实物导入,大胆猜想。

出示物品,激发幼儿兴趣,鼓励幼儿大胆猜想,哪些物品会滚动。

2.动手操作,尝试分类。

幼儿动手验证猜想,将能够滚动和不能滚动的物品进行分类。

教师提问:看一看,桌子上有许多物品,它们谁会滚动呢?找一个空地方,滚一滚,推一推,看它是否会滚动?把能够滚动的物品放在绿筐里,不会滚动的物品放进红筐里。

3.讨论发现,共同总结。

师幼分享讨论,共同总结会滚动的物体的特点。

教师提问:你玩的是什么?它会滚动吗?

教师提问:为什么绿筐里的物品会滚动,红筐里的物品不会滚动?

教师提问:你还知道哪些物品会滚动?它们为什么会滚动?

教师小结:圆圆的物品会滚动,有角的物品不会滚动。

二、画一画,发现圆柱体积木和纸杯滚动轨迹的差异

1.再次操作,发现轨迹的差异。

幼儿在再次操作中比较发现圆柱体积木和纸杯滚动的差异。

教师提问:圆柱体积木和纸杯都会滚动,它们的滚动有什么地方不一样呢?

2.大胆分享,实验结果。

幼儿操作,对比观察,尝试发现滚动轨迹的不同。

教师提问:你玩的是什么?它是怎么滚动的?为什么会这样呢?

三、找一找,探索物体形状与轨迹的关系。

1.集体操作,对比观察。

教师提问:圆柱体积木和纸杯滚动的路线是一样的吗?为什么有的直,有的弯呢?看看圆柱体积木和纸杯的滚动路线有什么不一样?

教师小结:圆柱体积木两头是一样粗的,它可以滚得直直的;纸杯两头大小不一样，滚得弯弯的。

2. 再次试验，交流总结。

教师提问：这里还有好多会滚动的物品，我们来找一找，哪些物品滚动的路线是直直的？哪些物品滚动的路线是弯弯的？

3. 引导幼儿观察物品的形状，对比形状的不同。

教师提问：什么东西滚得直直的？它是什么样子的？什么东西滚得弯弯的？它是什么样子的？

教师小结：两头一样粗，它就可以滚得直直的；两头粗细不一样，就滚得弯弯的。原来物体的滚动与它们的形状有关系。

记录表

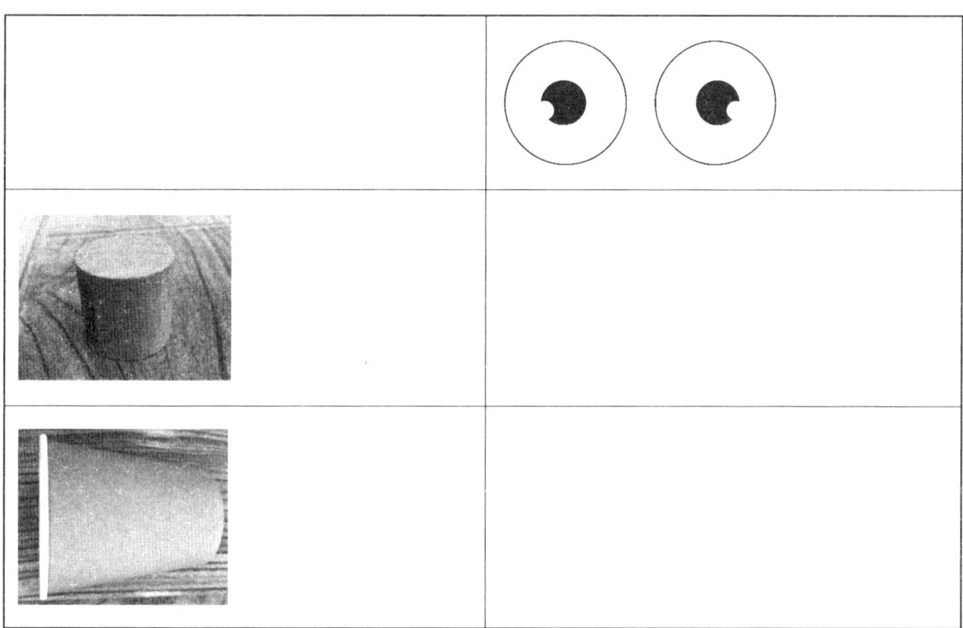

请你把它们的滚动路线画下来吧！

活动2:前进吧! 帆船

活动目标:

1.了解帆船是由帆和船身等部分组成的。

2.选择合适的材料,动手制作帆船模型。

活动重难点:

选择合适的材料制作帆船模型。

活动准备:

材料准备:一艘帆船模型;筷子、木棍、卡纸、双面胶、超轻泥、扇子;装有水的大盆。

活动过程:

一、观察模型,选择材料

幼儿通过观察帆船模型,了解帆船的组成部分。

教师提问:帆船是由几部分组成的呢?

二、思考材料,制作帆船模型

1.幼儿思考制作帆船模型的材料。

教师提问:帆船模型可以用什么材料制作呢?

教师小结:筷子、木棍当桅杆,在筷子上粘上超轻泥,卡纸当帆,用双面胶将卡纸固定在筷子上,帆船模型就制作好了。

2.幼儿动手制作帆船模型,教师观察指导。

三、试验结果

幼儿把帆船模型放入水中,自由尝试寻找让帆船模型开动的方法。

教师提问:怎么样可以让帆船模型前进呢?(用手推、用扇子扇等)

活动3：飞机飞上天

活动目标：

1.感受飞机给人们生活带来的便利。

2.知道飞机的基本特征，了解飞机的组成部分。

活动重难点：

知道飞机的基本特征，了解飞机的组成部分。

活动准备：

材料准备：飞机起飞声音的录音，不同种类飞机的图片，国庆阅兵时空军方阵的飞行视频。

活动过程：

一、谜语导入，激发兴趣

教师提问：今天老师给大家带来了一个谜语，你们来猜一猜吧。天上飞，不是鸟，前边翅膀大，后边翅膀小，运送乘客飞得高。

二、多感官结合，认识飞机

1.听一听，谁来了。

播放飞机起飞的声音，引导幼儿交流自己坐飞机的体验。

教师提问：听一听，是什么声音？

请幼儿说一说自己见到过或坐过的飞机是什么样子的？

2.看一看，了解飞机的特征。

幼儿通过图片认识飞机的组成部分及其作用。

教师提问：飞机身上都有些什么部分？它们都有哪些作用呢？

教师小结：飞机身上有机头、机身、机翼、尾翼、起落架、螺旋桨等部分。机翼是支持飞机在空中飞行的；尾翼是保证飞机平稳飞行的。

3.说一说，飞机的作用。

教师提问:你喜欢飞机吗?为什么?

教师小结:飞机的飞行速度很快,使分隔两地的人很快就能见上面。飞机让我们的生活更方便,和他人的联系更紧密。

三、神奇的飞机"跳舞"

与幼儿一起观看国庆阅兵时空军方阵的飞行视频,感受飞机的"跳舞"技术。

教师引导语:我们一起来看看飞机高超的"跳舞"技术吧!

活动4:沙漠中的交通工具

活动目标:

1. 对沙漠的交通概况有进一步探究的兴趣。
2. 知道在沙漠之中人和车不方便行走,需要借助骆驼的帮助。
3. 仔细观察,认识骆驼的身体结构和特征。

活动重难点:

仔细观察,认识骆驼的身体结构和特征。

活动准备:

材料准备:汽车在沙漠行驶的视频,骆驼的图片。

活动过程:

一、情境创设,激发兴趣

播放汽车在沙漠行驶的视频,激发幼儿的兴趣。

教师提问:这里是哪里呀?汽车来到这里发生了什么?那什么样的交通工具适合沙漠呢?

教师小结:沙漠是炎热、干燥又多风沙的地方,汽车通行不是很方便。

二、观察图片,认识骆驼

1. 展示图片,认识骆驼。

教师提问:这是什么动物?它们在干吗?

教师小结:沙漠炎热、干燥又多风沙,骆驼不但一点也不怕,还可以帮人们运送重重的东西呢!所以我们把骆驼称为"沙漠之舟",也就是说骆驼是沙漠的交通工具。

2."沙漠之舟"的秘密,进一步认识骆驼的身体结构和特征。

教师提问:骆驼长什么样子呢?骆驼背上为什么有两块凸起的地方?它们有什么作用?你知道它们叫什么吗?

教师小结:骆驼有着小小的脑袋,长长的脖子,棕色的皮毛。骆驼背上凸起的地方叫驼峰。沙漠很热,水和食物都很少,驼峰能够帮助骆驼储存足够的能量与水分,帮助骆驼长时间在沙漠中行走。同时,骆驼的脚底有很厚的肉垫,肉垫能够保护骆驼的脚不会被烫伤。骆驼耐热、耐饿、耐渴,所以它们才能生活在沙漠中,成为沙漠中的交通工具。

三、延伸:不一样的交通工具

教师提问:你还知道哪些动物可以像交通工具一样帮助我们呢?回家和爸爸妈妈一起思考一下吧!

区域游戏活动

活动1:谁跑得快

活动目标:

1.在游戏中比较不同形状物品的滚动情况。

2.能够大胆猜测并验证自己的想法。

活动准备:

材料准备:各种形状的物品,如三角形积木、方形积木、飞盘、呼啦圈、方形纸盒、弹珠或球等;斜坡道具、木板、圆棍两根。

活动过程:

1.引导幼儿猜想哪种物品滚得快。

拿出三角形、球形、方形、环形等四种形状的物品。

请幼儿说一说它们各是什么形状,哪个形状的物品滚动得快,为什么。

2.不借助外力的滚动实验。

将幼儿分成四组。请每组在教室选择不同形状的物品,同时滚动这些物品,看哪种滚动得比较快,哪种滚动得比较慢。

3.借助外力的滚动实验。

加入斜坡等道具,让幼儿尝试将不同形状的物品放在斜坡上滚动。

在木板上放上一些物品,请幼儿推一推木板;在木板下垫上两根圆棍,再请幼儿推一推木板,看看哪种情况下推动木板用的力气小。

活动2:小船,小船

活动目标:

1.动手发现物体的沉浮现象,找出适合制作小船的材料。

2.与同伴合作进行小实验。

活动准备:

材料准备:橡皮泥、弹珠、碗、小石头。

活动过程:

1.将橡皮泥、弹珠、小石头放进装有水的碗里,看看哪些东西会浮起来,哪些东西会沉下去。

2.仔细观察会浮起来的东西和沉下去的东西有什么不一样(外形、大小、材料等)。

3.把橡皮泥捏成像碗一样的形状放入水中,看看橡皮泥船和刚才的情形是否一样,是浮还是沉。

4.在橡皮泥船上放上弹珠或小石头，看看橡皮泥船能装多少东西而不会沉下去。

活动3：飞行器DIY

活动目标：

1.学习根据制作说明，运用多种材料制作不同的飞行器。

2.初步感受不同飞行器飞起来的感觉。

3.愿意独立完成制作，体验成功的乐趣。

活动准备：

材料准备：干净的果冻盒、矿泉水瓶子、纸盘、纸杯、硬纸板、橡皮筋、彩纸、彩笔、透明胶、剪刀等工具。

活动过程：

1.展示飞行器图片，引导幼儿观察讨论。

教师提问：你看出来“旋转飞碟”是用什么材料做的吗？果冻盒要怎么固定在纸盘上呢？飞碟是靠什么力量飞出去的？

2.引导幼儿动手制作飞行器。

教师提问：皮筋要怎么固定在纸杯做的发射器上呢？固定的时候要注意什么？太空船的两个“翅膀”是怎么固定在塑料瓶上的？

活动4：交通工具分类

活动目标：

1.能按照属性对交通工具进行分类。

2.愿意与同伴合作，分享自己分类的依据。

活动准备：

材料准备:各种交通工具的图片,最好预先沿轮廓剪下;双面胶。

活动过程:

1.引导幼儿观察各种交通工具的图片,找一找它们相同的地方。

教师提问:哪些交通工具有相同的地方呢?它们的共同点是什么呢?

2.幼儿按照相同点为交通工具进行分类。

鼓励幼儿大胆进行尝试,找出多个可以作为分类标准的属性特征(如:颜色、轮子的多少、在哪里行驶等)。

主题四 神秘的魔术

主题说明

说起魔术,你会想到什么?是神奇的魔术棒,还是神秘的魔术帽,或是神奇的魔术师?说起魔术,你会不会觉得它离幼儿的生活很远?其实幼儿的生活中,也有一些“神秘的魔术”,等待着幼儿去发现。

在主题“神秘的魔术”中,我们利用幼儿身边常见的材料,鼓励幼儿与材料充分互动,通过仔细观察,动手操作,体验生活中神奇的变化。引导幼儿在游戏中感受生活中的科学,感受科学的魅力,培养科学探究能力。

图4–1 哇!气球吹起来啦

图4–2 红色和蓝色在一起变成了紫色

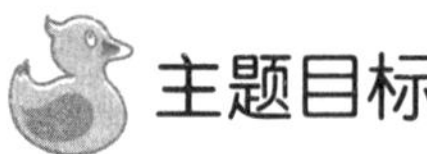

主题目标

1.能运用三原色原理混合出新的颜色,并用记录表进行记录。

2.初步了解不同物体的吸水性是不相同的。

3.能够在探索中,对比发现不同的纸软硬、厚薄程度的不同。

4.了解面粉遇到碘酒颜色会变化的现象。

主题	集中教育活动	区域游戏活动
神秘的魔术	活动1:奇妙的颜色	活动1:纸都能吸水吗
	活动2:水不见了	活动2:水果的沉浮
	活动3:纸的大探秘	活动3:和影子玩游戏
	活动4:无字天书	活动4:火山大爆发

集中教育活动

活动1:奇妙的颜色

活动目标:

1.乐意进行颜色混合的活动。

2.通过仔细观察,发现色彩混合的变化和差异。

3.能运用三原色的规律混合出新的颜色,并用记录表记录。

活动重难点:

幼儿通过观察,初步感知三原色原理。

活动准备:

材料准备:《变色鸟》PPT课件、“小鸟”矿泉水瓶每人一只、水粉颜料做的红、黄、蓝小球若干,小勺、水彩笔;记录表。

活动过程：

一、故事导入，感知情境

1.谈话引入，感知衣服的颜色。

教师提问：你们的衣服上都有哪些漂亮的颜色呢？

2.听故事，感知小鸟的颜色。

（1）播放PPT，引导幼儿仔细观察和倾听。

教师提问：有几只小鸟也想拥有漂亮的颜色，我们一起来看一看。

（2）引导幼儿用语言梳理情境。

教师提问：小鸟吃了什么颜色的果子？变成了什么颜色的鸟？

二、给小鸟喂果子，验证故事情节

1.出示材料（“小鸟”矿泉水瓶、红黄蓝小球、小勺），引导幼儿大胆操作。

教师提问：这些小鸟也想变颜色，你能帮帮它吗？

（1）教师适当示范，帮助幼儿厘清操作要点。

教师提问：先让小鸟张开嘴巴，喂他吃一颗果子，小鸟“咕咚”一声将果子吞下，赶紧把它的嘴巴闭好，这时候它会高兴地上下左右跳起舞来。

（2）幼儿大胆操作，仔细观察颜色的变化。

教师提问：孩子们，大胆动起手来，去帮小鸟变变色吧！

2.幼儿互相交流。

教师提问：说说你的小鸟变成了什么颜色？

教师小结：小鸟吃了红（黄、蓝）果子，变成红（黄、蓝）色的鸟。

三、喂不同颜色的果子，发现两种颜色混合变化

教师提问：小鸟说果子好吃，请你再给小鸟喂一颗其他颜色的果子吧。你会发现什么呢？

1.幼儿再次操作并记录。

（1）出示记录表、水彩笔，引导幼儿记录。

教师提问：你认识这张表格吗？该怎么记录呢？

(2)幼儿进行第二次操作,观察两种颜色混合后发生的变化并将结果记录在表中。

教师提问:小鸟已经迫不及待地想吃另一种颜色的果子了,你们快去帮帮它吧!

2.抛出问题,师幼共同梳理经验。

(1)自由交流。

教师提问:你的小鸟怎么了?为什么会这样?它先吃了一颗什么果子,又吃了一颗什么果子?

(2)师幼共同梳理经验。

教师提问:你的小鸟又变成了什么颜色?你是怎么变出来的?

教师小结:不同的颜色混合会发生变化,红色和蓝色混合会变成紫色,黄色和蓝色混合会变成绿色,红色和黄色混合会变成橙色。

四、以问题形式延伸

将同种颜色的变色鸟并排放,引导幼儿对比观察变色鸟同种颜色深浅不同。

教师提问:为什么都是吃的同样颜色的果子,小鸟会出现深浅不同的变化呢?

记录表

奇妙的颜色					
	第1次	+	第2次	⇨	?
✋		+		⇨	
✋		+		⇨	

活动2:水不见了

活动目标:

1.感受动手实验带来的快乐,并对物体的吸水性有探究的欲望。

2.初步了解不同物品的吸水性是不相同的。

3.尝试将自己的猜想和实验结果记录在表格中。

活动重难点:

初步了解不同物品的吸水性是不相同的。

活动准备:

材料准备:每组一盆水,海绵、布、塑料纸、积木、餐巾纸,纸杯、滴管若干,记录表和笔。

活动过程:

一、情境引入,激发兴趣

创设小猫打碎花瓶的情境,激发幼儿的好奇心。

教师提问:小猫把花瓶打碎了,满地都是水,怎么办呢?

二、实验探究,记录交流

1.猜一猜:哪些物品可以吸水。

(1)引导幼儿进行猜想。

教师提问:今天老师准备了一些物品,看看都有什么?哪些物品可以把水吸干?

(2)引导幼儿认识记录表。

教师提问:看看这张表上面有什么?表示什么意思呢?

教师小结:这是记录表,如果这些物品能够吸水,就在下面的格子里做上你喜欢的标记。

教师提问:我们该怎么找到可以吸水的物品呢?桌子上的工具可以帮忙吗?

教师小结:用滴管在物品上滴一两滴水,观察水会不会消失。如果消失,那么这个物品就能够吸水。

2.幼儿实验并记录,教师观察指导。

教师提问:我们动手试一试,用滴管吸上水,再滴在物品上,看看水会不会消失不见。

在能够吸水的物品下面做上标记。

3.说一说:分享交流记录表。

教师提问:你发现哪些东西可以吸水呢?

教师小结:海绵、布、餐巾纸可以吸水。

三、寻找生活中可以吸水的东西

教师提问:教室中还有什么东西可以吸水呢? 这些容易吸水的物品有什么作用? 我们一起去找找吧!

记录表

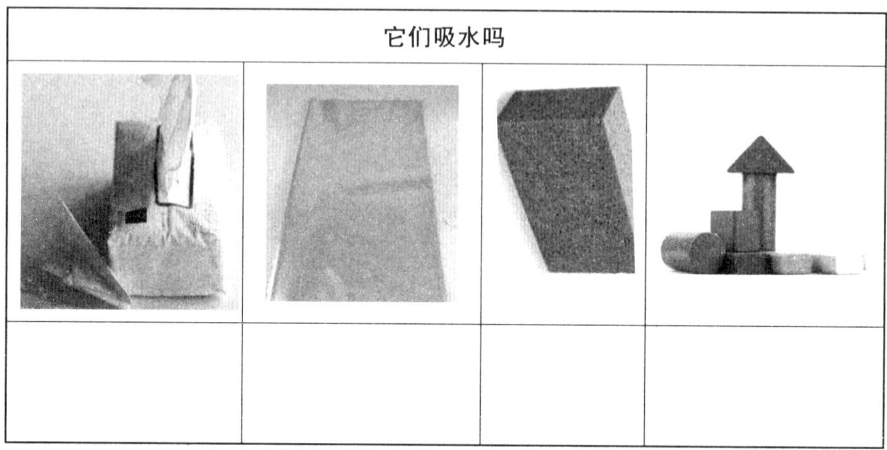

它们吸水吗			

活动3:纸的大探秘

活动目标:

1.大胆参与探索活动,有节约用纸的环保意识。

2.知道不同的纸有不同的作用,初步了解纸的由来。

3.能够在探索中,对比发现不同的纸软硬、厚薄程度的不同。

活动重难点：

能够在探索中发现不同的纸软硬、厚薄程度的不同。

活动准备：

1.材料准备：各种各样的纸（复印纸、牛皮纸、宣纸、卡纸、瓦楞纸、餐巾纸、闪光纸）每人一份；常见的纸制品（纸杯、纸盒、书本、纸吸管）每组一份；造纸视频。

2.经验准备：在生活中有见过各种各样的纸。

活动过程：

一、情境设置，激发兴趣

设置探秘纸王国的情境，激发幼儿探究的兴趣。

教师提问：欢迎小朋友们来到纸王国，在这里有各种各样的纸。纸王国里面藏有很多秘密，今天就让我们来纸王国进行大探秘吧！

二、对比发现，探索纸的秘密

1.认识各种各样的纸。

教师提问：找一找，纸王国里面有哪些纸？你们认识它们吗？

教师小结：这里有复印纸、牛皮纸、宣纸、卡纸、瓦楞纸、餐巾纸、闪光纸。

2.探秘纸的不同。

（1）外观的不同。

自由探索，发现各种纸外观的不同。

教师提问：这些不一样的纸都有自己特别的小秘密，请小朋友跟这些纸玩一玩，看能不能发现它们的秘密。

引导幼儿通过观察、触摸等不同的方法，对比发现各种纸的不同。

教师提问：请你摸一摸、吹一吹、撕一撕，有什么发现呢？

教师小结：这些纸的颜色和亮度不同，闪光纸看起来闪闪的；粗糙程度不同，复印纸摸起来很光滑，瓦楞纸很厚；薄厚程度不同，宣纸很薄，卡纸很厚。

（2）吸水性的不同。

观察比较，发现各种纸的吸水性不同。

教师提问:这些纸遇到水会发生什么呢?所有的纸都能吸水吗?我们把这些纸片都放到水里,看看会发生什么。

教师小结:不是所有的纸都能吸水,闪光纸不吸水,餐巾纸、宣纸吸水很快。

3.了解纸的制作过程。

通过观看视频,初步了解纸的制作过程。

教师提问:小朋友知道这些纸是怎么来的吗?我们一起通过视频看一看吧!

教师小结:纸是用树木经过加工制造而成的。

三、交流讨论,生活中的纸制品

1.纸的本领大。

出示身边的纸制品(纸盒、纸杯、书本等),感受纸的本领大。

教师提问:这些是什么?它们是用什么做的呢?

2.节约用纸。

引导幼儿思考如何节约用纸,激发幼儿的环保意识。

教师提问:纸的用处可真多,给我们带来了好多帮助!可是纸是用树木做成的,如果我们浪费纸张会发生什么呢?怎么才能节约用纸呢?

活动4:无字天书

活动目标:

1.愿意关注身边的变化,对简单的化学现象感兴趣。

2.了解面粉遇到碘酒颜色会变化的现象。

3.能够大胆猜想实验结果,记录关于变色实验的猜想与结果。

活动重难点:

能够大胆猜想实验结果,记录关于变色实验的猜想与结果。

活动准备:

1.材料准备:面粉、糖、碘酒、清水每组一份;杯子、搅拌棒、白纸每组两份;记录表、笔每人一份;事先用面粉溶液在白纸上写好数字等内容并晾干。

2.经验准备:认识面粉、糖、碘酒。

活动过程:

一、展示无字天书,激发幼儿探究兴趣

1.展示无字天书。

教师提问:这里有一封无字天书,里面的内容被隐藏了起来。有什么办法能让我们读到书上的内容呢?

2.天书内容重现,激发幼儿兴趣。

教师提问:只要在天书上喷上碘酒,天书里的内容就能重现出来了。看看天书里写了什么?是什么颜色的?

教师小结:天书上的内容是黑紫色的。

二、天书揭秘,幼儿实验操作

1.认识材料,幼儿进行思考。

展示并认识材料。

教师提问:天书就是用这两种材料中的一种写成的,你们认识它们吗?

教师小结:这两种材料分别是面粉和糖。

2.猜想记录,实验观察。

(1)猜一猜,谁是制作无字天书的材料。

教师提问:谁可以用来写无字天书呢?把你的猜想记录下来吧!

(2)幼儿与教师共同实验。

教师提问:那我们用什么办法才能找出书写无字天书的材料呢?桌子上还有一些小帮手,它们可以帮我们干什么?

教师小结:先将淀粉和糖分别放入两个杯子里,再倒上水,分别用搅拌棒搅拌;用棉签分别蘸取两个杯子里的溶液,在两张纸上涂写,最后喷上碘酒,变色的那一张用的材料就是无字天书用的材料。

(3)幼儿实验记录,教师观察指导。

注意提醒幼儿,不要将两只搅拌棒混合使用。

3.分享交流,揭秘无字天书。

幼儿展示记录表,分享自己的发现。

教师提问:你的猜想是什么?最后发现了什么?

教师小结:面粉溶液遇到碘酒,颜色变成黑紫色,面粉溶液是书写无字天书的材料。

三、幼儿自制无字天书

教师引导语:我们也来写一封无字天书,带回家,让爸爸妈妈来揭秘一下吧!

记录表

材料	我的猜想 ?	实验结果
糖 ①		
淀粉 ②		

区域游戏活动

活动1:纸都能吸水吗

活动目标:

1.通过游戏的方式,深入理解和感受纸的吸水性。

2.自主操作,选择合适的材料,验证不同纸的吸水性。

活动准备：

材料准备：牛皮纸、闪光纸、硬纸板、宣纸、瓦楞纸、白纸、锡箔纸、喷壶、水杯。

活动过程：

1.说一说。

引导幼儿大胆表达，对不同纸的吸水性进行猜测。

教师提问：你觉得这些纸能吸水吗？哪些能，哪些不能？

2.做一做。

引导幼儿自主操作，选择合适的材料，验证猜想。

教师提问：你觉得它可以吸水吗？怎么证明呢？需要哪些材料，大胆试一试。

活动2：水果的沉浮

活动目标：

1.知道沉就是物体掉到水底，浮就是物体浮在水面上。

2.能细致观察，并大胆讲述自己的发现。

3.初步养成良好的记录方式。

活动准备：

材料准备：水盆两个、擦手毛巾若干、操作卡若干；苹果、香蕉、橘子、梨子等；幼儿刀具。

活动过程：

1.玩一玩、做一做。大胆选择材料，进行沉浮游戏。

教师提问：这里有些什么水果呢？大胆试一试，哪些水果能够浮在水面上，哪些会掉到水底？

2.记一记、说一说。你发现了什么。

教师提问：把水果全都放到水里，你发现哪些会沉下去，哪些会浮起来？

教师提问：你是怎样记录的？

活动3:和影子玩游戏

活动目标:

1.初步了解影子形成的基本条件。

2.探索发现影子的大小与物体离光源远近的关系。

3.对影子的形成以及变化感兴趣。

活动准备:

材料准备:有密闭窗帘的房间,手电筒,小动物模型。

活动过程:

1.与幼儿讨论:如何在房间里制造出影子。

2.幼儿运用自己的方法在房间里制造影子。

3.拉上窗帘,用手电筒和小动物模型制造出影子。

4.启发幼儿思考并尝试,相同物体的影子为什么有时大有时小?与什么有关?

5.引导幼儿进行对比实验,观察物体离光源的远近和影子的大小之间的关系。

游戏4:火山大爆发

活动目标:

1.通过实验,认识火山爆发的现象。

2.培养探索自然的兴趣。

活动准备:

小苏打粉、塑料杯、红色颜料、白醋、滴管每人一份。

活动过程：

1.看一看。

教师演示实验步骤：将小苏打粉放入塑料杯里，再把红色颜料放入白醋里溶解，将溶解了颜料的白醋用滴管滴入小苏打里。

2.试一试。

幼儿回忆操作步骤，进行操作，教师逐一指导。

中班下期科学活动

主题一 七彩春天

主题说明

春天阳光明媚，百花争艳，大自然生机勃勃，充满迷人的景色。大自然中的一切都充满了美好与神秘，嫩绿的新芽、含苞的花朵、蓬勃的小生命以及人们迎接春天的那份激动与喜悦，都深深地打动着我们。美丽的春天来了，春天在哪里？春天在柳枝上，春天在晨曦的露珠上，春天在含苞欲放的花蕊上，春天在衔春泥的小燕子里……

美丽的生活、美丽的大自然需要有一双发现美的眼睛、发现美的心灵，如何让幼儿通过各种活动感受大自然的变化，发现自然界的千姿百态，积极地走进春天呢？无论是从气候的变化，动、植物的生长，还是人们的衣着与活动，都能吸引幼儿去充分的感知和探究。本主题从“天气预报我知道”“蒲公英种子旅行记”“小蝌蚪找妈妈”“神奇的种子”四条线引领幼儿走向自然，动用多种感官，从多种途径去感受春天的美好与快乐，发现气候变暖与动植物生长变化的关系。

图1-1 我来做记录

图1-2 我来浇浇水

主题目标

1.感知天气与人们日常活动的关系,愿意主动关注天气预报。

2.能够将天气与动植物的变化联系起来,大胆讲述自己对春天的发现。

3.观察小蝌蚪的外形特征,初步了解蝌蚪变成青蛙的生长过程。

4.了解植物生长的过程与条件。

主题	集中教育活动	区域游戏活动
七彩春天	活动1:天气预报我知道	活动1:小小气象播报员
	活动2:蒲公英种子旅行记	活动2:春天百花开
	活动3:小蝌蚪找妈妈	活动3:小蝌蚪变青蛙
	活动4:神奇的种子	活动4:制作种子标本

集中教育活动

活动1:天气预报我知道

活动目标:

1.感知天气与人们日常活动的关系,愿意主动关注天气预报。

2.通过观察,了解晴、雨、阴、多云等四种天气类型的特点,认识天气预报中几种常见的天气图标。

活动重难点:

看懂天气预报,尝试用一句话播报。

活动准备:

1.材料准备:教具:手偶"巧虎",PPT"天气预报截图"、"动物气象员""有趣的天气图标",天气预报视频,天气预报记录卡。幼儿人手一套天气小图标,配对操作学具(城市天气实景图和天气图标)。

2.经验准备:幼儿与家长一起搜集两个方面的资料——天气预报的好处是什么,从哪里可以知道天气预报(电视、报纸、手机短信、网络等)。幼儿已有简单的关于动物习性与天气变化方面的知识。

3.环境准备:一块空旷的场地,能感受到天气。

活动过程:

一、体验感受,激发观察兴趣

1.教师扮演"巧虎",谈话导入。

(1)巧虎旅游,地区不同温度不同。

教师引导语:小朋友,你们好! 我参加了环游中国的活动,刚刚从北京来到广州。北京可冷了,要穿很厚的衣服呢! 到广州后,天气暖和多了,穿着这身厚厚的衣服,我都快出汗了,广州的温度是多少啊?

(2)亲身体验,感受数字与温度的关系。

教师引导语:刚才有小朋友说天气预报今天的气温是12℃ ~ 19℃,我们一起到户外去感受一下天气吧。

2.观察天气,尝试描述。

幼儿和教师一起到活动室外去观察、感知天气特点,并学习用晴天(或阴天、雨天)来描述当天的天气。

3.调动经验,回忆和交流。

教师提问:"过几天,我要到香港去旅行,不知道那里的天气怎么样。小朋友帮我出出主意,怎样才能知道香港的天气呢?"

二、集体讨论,获取常见方法

1.教师出示中央电视台天气预报截图。

教师提问:你看到什么了?(天气预报员和天气图标)

天气预报员告诉我们什么?(预报明天的天气情况)

除了看电视,我们还有什么方法可以看到天气预报?

2.多种途径获得天气预报。

(1)教师逐一出示报纸、手机、网页等三种形式的天气预报截图,帮助幼儿了解可以通过多种方式获得天气情况。

(2)简单复习已有知识“小动物气象员”,巩固幼儿对动物习性的了解。

教师引导语:除了天气预报,有些小动物也能“预报天气”呢,它们是谁呢?是怎么预报天气的呢?

教师小结:鱼儿上浮、蜻蜓低飞、燕子低飞、蚂蚁搬家等现象都是动物在“告诉”我们,要下雨了。

3.讨论了解天气预报在生活中的作用。

教师引导语:除了晴天,还有哪些天气类型呢?(雨天、阴天、多云天气)

教师提问:如果明天是周末,天气预报是晴天,你想做什么?如果预报是雨天,你想做哪些事?

三、观察讨论,认识天气图标

1.观察图片,认识天气图标。

教师引导语:这个图标画了什么,表示什么?你手上有与这个相同的图标吗?请把它举起来,给旁边的小朋友看看是一样的吗?

2.理解图片意义。

出示城市天气实景图。要求幼儿根据图意,正确找出学具中与教具图片相对应的天气图标,并大声说出正确的天气图标名称。

3.学习播报气温。

引导幼儿了解天气图中的气温如8℃,在播报时要念成“8摄氏度”;如果图中的气温是“－11℃”,要念成“零下11摄氏度”。

四、了解播报内容,尝试播报天气

1.初次尝试播报天气。

教师引导语:哪位小朋友能像天气预报员那样播报天气呢?大家一起想想播报天气时要说些什么呢?

2.幼儿自主上前,根据生活经验,尝试播报天气。

引导幼儿倾听同伴的播报,了解其播报的内容和顺序是否符合要求。

3.按照要求播放。

幼儿观看中央电视台天气预报视频，然后说一说天气预报的播报内容。教师适时提出本次活动中天气预报的播报要求（按“日期—城市—天气类型—气温”的方式进行播报）。

（1）幼儿尝试独立按要求播报天气（如：“2021年3月7日，北京，晴，1℃～12℃”；“2021年3月7日，重庆，多云转小雨，10℃～17℃”）。

（2）幼儿说出天气类型后，还要提醒同伴在这样的天气中应该注意什么，如：重庆明天是“雨”，大家出门时要记得带伞等。启发幼儿在家时也要提醒家人根据不同的天气安排好生活。

五、分组操作，制作天气记录卡，尝试当“天气预报员”，播报天气

1.制作天气预报记录卡。

引导幼儿仔细看天气预报记录卡上的一些图片，想想看图片中是什么天气，找出代表这种天气的图标，每组制作出两份天气记录卡。

2.配对天气图片。

幼儿4人一组，找出相应的天气标志图片进行配对后粘贴，制作天气记录卡。

3.互相观察与评价。

组员互相观察和评价自制的天气记录卡（活动当天是星期一，幼儿预报的是星期二、三、四的天气），如有不正确之处，尝试在组内讨论并纠正。

4.学做“天气预报员”。

（1）教师引导语：小朋友播报天气的时候，要讲清楚播报的日期、城市、天气情况和气温。

（2）幼儿先在小组内按照播报要求和记录表的内容，向同伴播报天气，同伴之间相互评价。

（3）请幼儿推选出小组内的优秀“天气预报员”，让他（她）拿着本组制作的天气预报记录卡预报未来3天的天气情况，其他幼儿认真倾听。

（4）幼儿轮流上台播报天气。

（5）教师点评幼儿的播报情况，重点指导幼儿学习播报“晴转多云”等有变化的天气情况。

教师引导语：如果1月8日当天，广州、重庆上午是多云，而下午是小雨，那我们应该怎么播报呢？

教师按顺序出示晴天和多云两幅图，并通过手势暗示幼儿。

教师引导语：如果遇到当天天气发生转变的情况，我们可以先说前一种天气情况，再说后一种变化了的天气情况，我们可以用一个“转”字来表达天气的变化，如“2018年3月8日，重庆，多云转小雨，10℃～17℃。”

六、结束环节

集体到户外去观察并尝试推测第二天的天气情况，相互用完整句式预报。

教师小结：刚才我们都试着进行了天气预报，请小朋友今晚回家和家里人一起看看天气预报，对自己刚才的预测进行验证。明天回园时看谁能又快又准确地为大家播报天气。

活动2：蒲公英种子旅行记

活动目标：

1.感受春天万物都在发生变化，进一步了解春天的特征。

2.能够将季节与动植物的变化联系起来，大胆讲述自己对春天的发现。

3.在活动中感受大自然的美。

活动重难点：

感受春天，了解季节与动植物的关系。

活动准备：

1.材料准备：在春天旅行的图片。

2.经验准备：幼儿在小区里观察过春天的变化。

3.环境准备：把孩子们找到的“春天的痕迹”布置到墙上。

活动过程：

一、故事导入，引起幼儿的兴趣

1. 教师讲述故事开头，幼儿展开想象。

教师有感情地讲述故事的开头：蒲公英的种子离开了妈妈，开始了一场春天的旅行。

教师提问：蒲公英的种子是什么样子的？蒲公英的种子在路上会遇到什么，看到什么呢？

2. 想象猜测，并大胆讲述自己的猜测。

引导幼儿通过蒲公英的种子在旅行过程中看到的春天的变化，进一步了解春天的基本特征。让幼儿猜测，引起幼儿求知的欲望。

教师提问：谁来说说你的猜测。

二、师幼共欣赏，了解其特征

1. 观察图片，幼儿进行讲述。

教师提问：它先飞过哪里？看到了什么？它又飞到哪里？看见了什么？

鼓励幼儿大胆与同伴讲述画面内容。

2. 教师小结。

蒲公英的种子在旅行的过程中看到了很多东西，好像在告诉我们春天来了。

三、了解春天的特征，万物的变化

幼儿提取已有经验进行讲述。

教师提问：蒲公英在旅行的过程中飞过许多地方，看到了春天的景象，可它还有很多地方还没有去过呢！请你告诉蒲公英有关春天的故事好吗？它还会飞到哪些地方？会看到哪些春天的景色呢？请你们来说一说，画一画。

教师和幼儿自由讲述。

活动3:小蝌蚪找妈妈

活动目标:

1.观察小蝌蚪的外形特征,初步了解蝌蚪变成青蛙的生长过程。

2.能用语言描述自己对小蝌蚪的认识及生长过程。

3.知道青蛙对人类有益,要保护青蛙。

活动准备:

1.经验准备:幼儿已观察过小蝌蚪。

2.材料准备:课件《小蝌蚪变青蛙》、小蝌蚪的生长变化图片人手一份。

3.环境准备:创设“荷塘”的情境。

活动过程:

一、谜语导入,引起幼儿的兴趣

1.用谜语引起幼儿的兴趣,了解小蝌蚪的外形特征。

教师提问:黑黑的身体圆溜溜,细细的尾巴拖后头,东游游、西游游,好像许多小黑豆。猜猜这是什么小动物呢?

教师提问:小蝌蚪是什么样子的?它喜欢生活在哪里?

教师小结:小蝌蚪有着圆圆黑黑的身体,细细长长的尾巴,喜欢生活在小河、池塘等有水的地方。

2.学学小蝌蚪,模仿小蝌蚪的动作。

教师引导语:小蝌蚪真可爱,我们一起来学学小蝌蚪,小蝌蚪黑黑的身体圆溜溜,细细的尾巴拖后头,东游游,西游游,上游游,下游游,游呀游,游来游去真快乐。

二、交流讨论,探究小蝌蚪的生长过程

1.了解小蝌蚪的生长变化过程。

教师提问:你们知道小蝌蚪长大后会变成什么吗?它长大后和小时候有什么不一样的地方吗?

教师小结:原来小蝌蚪是有尾巴没有腿的,长大以后有腿却没有了尾巴。

2.幼儿按照顺序排图片。

教师提问:你认为小蝌蚪先长出什么?再长出什么?最后是怎样长成青蛙的?

教师引导语:你们有的认为先长两条前腿,有的认为先长两条后腿……我为你们准备了一套小图片,请你们先仔细看一看,再想一想你认为小蝌蚪刚开始是什么样的,中间经过怎样的变化,最后变成什么样了?然后请你们试着排一排。

3.小结。

教师引导语:每个人排的顺序都不一样,究竟什么才是正确的顺序呢?我们从小博士那里找一找正确的答案。

三、探究验证

1.观看多媒体课件,幼儿进行验证。

2.排序。

教师引导语:听完小博士的讲述,请你们再去试一试,排一排吧。

师幼一起巩固小蝌蚪的生长变化过程(卵→小蝌蚪→先长出两条后腿→再长出两条前腿→尾巴消失最后变成青蛙)

四、保护青蛙

引导幼儿学会爱护青蛙,爱护小动物。

1.了解青蛙的本领。

教师提问:青蛙有什么本领?

教师小结:青蛙是捉虫能手,它会保护庄稼。

2.保护青蛙。

教师提问:青蛙的本领这么大,我们应该怎样保护它呢?

教师小结:不要去捕捉或吃青蛙(不要做伤害青蛙的行为),看到有人捕捉青蛙和小蝌蚪时,要告诉大人,让大人去阻止。还可以做一些宣传标志。青蛙是我们的好朋友,我们大家都要爱护它。

活动4:神奇的种子

活动目标:

1.能连续性地观察、记录、比较2~3种植物的生长变化过程。

2.了解植物生长的过程与条件。

3.掌握照顾植物的简单方法。

活动重难点:

比较观察,尝试记录植物的生长变化。

活动准备:

1.材料准备:2~3种不同植物的种子,如:芸豆、花生、黄豆、南瓜、花生、玉米等(最好选择生长周期较短的植物,植株差异明显的种子)。一些小工具(如小铲子、小锄头、浇水壶等)。

2.环境准备:提供一块适合种植的土壤。

3.经验准备:有养过植物的经验。

活动过程:

一、实物导入,激起幼儿的兴趣

1.引导幼儿观察触摸种子,认识不同种子的名称。

教师提问:这是什么?你见过吗?说说你发现了什么?

教师小结:这些是芸豆、花生、黄豆、南瓜、花生、玉米的种子,它们都长得不一样。

2.比较所准备的植物种子。

教师提问:它们哪里不一样呢?

二、教师引导,感知植物生长过程的神奇之处

1.教师讲述植物生长过程。

以南瓜种子为例,教师形象生动地讲述南瓜的生长过程。幼儿感受到种子成长的神奇,引起幼儿对种植的期待。

教师引导语:一颗小小的种子被种在土里后,阳光温暖它,春雨滋润它,过几天它就会发芽从土里钻出来;再慢慢地长高、长长,长出长长的藤,大大的叶子;然后开花,结出大南瓜,大南瓜里又有许许多多的种子。

2.问题激趣。

教师提问:你们想不想自己来种植南瓜?看看神奇的南瓜种子怎么结出大南瓜?

三、观察探索,尝试种植

1.介绍工具,教师示范。

教师示范,用工具挖小坑,教会幼儿判断坑的深浅,将种子放进坑里,并覆上土。

教师分别介绍工具:这是什么呀?你认识吗?它的本领可大了,猜猜它可以帮我们做什么?看看老师是怎么做的。

2.幼儿操作,教师在一旁指导。

四、结合观察,展开讨论

引导幼儿讨论“不同的种子谁发芽快?谁发芽慢?谁长得高?谁长得矮?谁的叶子大?谁叶子小?”等方面的问题,还可以讨论“植物生长需要什么?怎样才能让种植的植物长得更好?”等问题,帮助幼儿了解不同植物的特点,获得植物生长条件等方面的经验。还可以关注幼儿在种植中遇到的问题,选择有价值的问题引导幼儿进行讨论和探究。

五、定期观察,书写记录

引导幼儿每天定期观察自己所种植的植物。说说它的生长变化,在记录本上做简单的记录,并讲给其他幼儿听。

区域游戏活动

活动1:小小气象播报员

活动目标:

1.能看懂天气预报。

2.能用完整的句子播报天气。

3.对天气与人类的关系感兴趣。

活动准备:

材料准备:话筒、天气预报图、小椅子。

活动指导:

1.幼儿自主选择角色。引导幼儿自主选择角色(播报员或者观众)。

2.观察模仿。引导幼儿观察播报员和观众的角色差异,试着模仿。

3.进行模拟角色。

教师以观众的身份参加活动,通过提问适时帮助主播使用完整的播报句式,提醒观众仔细倾听,不打断主播的播报。

活动2:春天百花开

活动目标:

1.感知在春天开放的花有很多并且很美。

2.感知不同花的不同颜色、形态、大小和花瓣多少等特点,认识常见的3~5种花。

3.有爱护花草的意识,知道不能随便采摘。

活动准备:

环境准备:选择好观察的地点、对象及线路。

活动指导：

1.带领幼儿到户外寻找在春天开的花。

2.找到花后组织幼儿观察。

当找到一种花后引导幼儿看一看、说一说、闻一闻，用动作学一学，感知花的颜色、形态、大小、看上去的感觉等。

3.如果有条件，带领幼儿感受落英缤纷的景象。

活动3：小蝌蚪变青蛙

活动目标：

1.学习用箭头和数字等标记来制作小蝌蚪变青蛙的过程图。

2.通过表演和阅读进一步理解小蝌蚪找妈妈的故事。

3.培养幼儿耐心细致做事情的习惯。

活动准备：

材料准备：小蝌蚪变青蛙的过程图。

活动指导：

1.幼儿试着用箭头和数字制作小蝌蚪变青蛙的过程图。

2.阅读小蝌蚪找妈妈的故事。

帮助幼儿理解箭头和数字等标记的意义，教师指导幼儿通过表演和阅读进一步理解小蝌蚪找妈妈的故事。

3.分角色表演小蝌蚪找妈妈的故事。

活动4：制作种子标本

活动目标：

1.寻找植物的种子，知道种子藏在哪里，并制作成标本。

2.合理布局标本进行记录,并能进行标本分类。

3.体验发现和制作的快乐。

活动准备:

材料准备:每人一个塑料盘放置种子;透明小塑料袋、植物若干;塑料刀、水果刀、小汤匙若干;笔、小纸片、双面胶等。

活动指导:

1.说一说植物的种子在植物的哪个部位。

教师引导语:上个礼拜老师和小朋友们一起认识了许多植物的种子,来,现在我们就一起来看看老师这里的植物,说一说它们的种子在哪里。

2.寻找植物的种子,制作标本。

教师引导语:你们都知道种子藏在植物的哪里了吗,我们怎么记录我们的发现呢?

引导幼儿说出植物标本。

3.幼儿制作。

(1)每人选一种植物寻找它的种子,并把找到的种子放到自己面前的塑料盘内。

(2)制作好种子标本后把它贴在小纸片上并在小纸片空白处用画画的方式记录你制作的是哪种植物的种子,是在哪里找到的。

4.展示自己制作的种子标本并说一说自己的记录。

主题二 小小科学家

主题说明

人们在生活中处处能用到力，“力”既能够帮助人们完成各项事务又能从视觉上给予人们美的感受。在活动中幼儿常常会操作各种玩具、材料，不同的操作方式会使物品有不同的运动状态，幼儿在日常生活中对“力”已经有了许多感性的认识。他们经常会有疑问：“为什么有的材料会沉到水里，有的材料却浮在水面上？为什么磁铁能吸起曲别针？为什么从不同的坡度滑下来的车子的距离不一样呢？”力在日常生活中无处不在，在此基础上联系幼儿的生活，中班的幼儿可以学习到粗浅的科学知识，形成“力”的概念。基于这样的认识与需要，我们设计了“小小科学家”的活动，让幼儿在反复操作中体验探索带来的乐趣，了解“力”的初步知识。

图2-1 看看哪些能浮起来，哪些能沉下去

图2-2 磁铁的力量真大

主题目标

1.能通过观察发现不同材质的物体沉浮状态的不同。

2.对磁铁的探索有初步认识,发现磁铁能吸住铁制品。

3.寻找用游戏棒架起彩泥的方法,发现"三脚架"具有稳定性。

4.探索感知相同的物体在相同的坡面、不同的坡度上的滚动速度是不同的。

主题	集中教育活动	区域游戏活动
小小科学家	活动1:沉浮真有趣	活动1:水果宝宝的沉与浮
	活动2:磁铁真好玩	活动2:小鱼游上来
	活动3:哇,三脚架	活动3:小球站稳了
	活动4:小车比赛	活动4:滚动起来

集中教育活动

活动1:沉浮真有趣

活动目标:

1.能通过观察发现不同材质的物体沉浮状态的不同。

2.尝试用简单的图标来记录物体的沉浮。

3.体验沉浮游戏的乐趣,愿意动手动脑探索并积极表达自己的发现。

活动重难点:

能通过观察发现不同材质的物体沉浮状态的不同。

活动准备:

1.材料准备:塑料泡沫、积木、空瓶子、钥匙、硬币、橡皮泥、木块、棉花、乒乓球每桌一份;记录卡每人一份,水槽、笔、抹布。

2.经验准备:在区域活动中,为幼儿投放多种材料,让幼儿提前熟悉这些材料,知道轻的物体浮在上面,重的物体沉在水底。

3.环境准备:准备小蚂蚁过河的环境创设。

活动过程:

一、情境导入,激发兴趣

1.教师创设情境,在情境中激发幼儿的兴趣。

教师引导语:马上要过年了,小蚂蚁要到河对面运粮食准备过冬,可是该怎么过去呢?老师请来了很多小帮手,看看它们是谁?有积木、塑料泡沫、钥匙、硬币、橡皮泥等材料,请小朋友们帮忙看看这些材料中有哪些适合当小船帮助小蚂蚁过河,把你的猜想告诉你的好朋友。

2.个别幼儿讲述自己的猜想。

教师小结:有的小朋友说纸张可以当小蚂蚁的船,有的说珠子可以当小船。好的,我们等会儿就一块儿来试一试。

二、实验探索,尝试记录

1.教师出示记录卡,讲解记录方法。

教师提问:这是什么?你认为可以怎么用?

2.讲解实验要求。

教师引导语:轻轻把材料放入水中,把自己的发现记录在记录单上,如果桌子、衣服湿了要及时用抹布擦干。现在请开始你们的实验吧!

3.幼儿分组验证猜想。

观察不同材质的物体在水中的沉浮状态并集中记录结果。

(1)幼儿探索,教师鼓励幼儿玩多种材料,观察指导。

(2)集中分享探究结果。

(3)幼儿讨论。

教师引导语:现在请小朋友说说哪些物品会沉下去,哪些物品会浮起来。

4.小结。

教师小结:小朋友说得很清楚,原来棉花、塑料泡沫会浮起来,钥匙、硬币、橡皮泥会沉下去。

三、问题延伸

延伸进科学活动区。

教师引导语：我们已经了解到很多东西的沉与浮，活动区里还有其他的材料，可以去看看还有什么东西能沉下去或浮起来。

活动2：磁铁真好玩

活动目标：

1.对磁铁有初步认识，发现磁铁能吸住铁制品。

2.通过对实验的操作记录，学习实验记录的方法。

3.在实验操作中，对磁铁有探索兴趣。

活动重难点：

从活动中发现磁铁能吸住铁制品，学习实验记录的方法。

活动准备：

1.材料准备：每组一筐操作材料（内有磁铁、回形针、螺丝钉、硬币、纸张、玻璃球、塑料玩具、泡沫等）；迷宫及小动物磁铁；每人一张记录表；磁铁小人儿。

2.环境准备：在教室增加一些铁制品。

3.经验准备：有玩过磁铁走迷宫的游戏。

活动过程：

一、表演导入，激发兴趣

1.准备一个磁铁小人儿，教师操控磁铁使小人儿翻滚跳跃，感染和带动幼儿情绪。

教师引导语：今天，老师给小朋友们变个魔术，我们一起来看一看。

教师提问：奇怪了，小人儿为什么能跳舞呢？

2.教师引导幼儿发现小人儿下面的铁片与磁铁的关系。

3.幼儿在教师的引导下积极思考与讨论。

二、尝试操作,发现问题

1.教师介绍材料,引导幼儿初步探索磁铁的特性。

教师引导语:小人儿会跳舞,真是太好玩了。老师给小朋友准备了许多东西(介绍铁制品和非铁制品)。请你拿着磁铁去吸一吸筐里的东西,看看它们有什么不同。

2.幼儿自由操作探索。

幼儿在教师的引导下积极探索,努力发现问题。

3.教师引导幼儿交流、分享发现。

教师提问:说说你发现了什么?

幼儿在教师的引导下努力思考,积极回答问题。

三、再次操作,尝试记录

1.教师出示记录表,先示范记录,再指导幼儿记录。

教师提问:先看看老师是怎么记录的。等会儿老师请小朋友们来记录。磁铁能吸住哪些东西?不能吸住哪些东西?把探索结果记录在记录表上。

幼儿在教师的示范中学会记录方法。

2.幼儿再次操作并尝试记录。

3.教师引导幼儿进行交流。

教师提问:被吸住的东西是哪些?是用什么做的?没被吸住的又是什么做的?

幼儿在教师引导下思考,积极回答问题。

4.教师小结:铁制品能被磁铁吸住。

四、开展磁铁游戏,引导幼儿自由探索

1.教师以玩魔术的方式引起幼儿兴趣。

教师提问:磁铁真有趣,它不但会变魔术还会跟我们玩游戏呢。今天就让它带着小朋友们玩好吗?

2.教师介绍游戏材料及规则。

游戏规则:用磁铁把小动物救出迷宫,中途不能用手碰小动物。

游戏要求:在带小动物走迷宫时,把动物放到迷宫的入口后就不能用手碰到这些动物,只能用磁铁在迷宫下面移动带着小动物选择正确的路线走出迷宫。

3.幼儿自由探索玩耍。

4.幼儿进行小动物逃生比赛。

教师引导语:现在请两位小朋友们来比赛,看谁能在遵守游戏规则的同时最快逃出来。

五、活动延伸

教师小结:磁铁真好玩,因为它会吸铁,小朋友回家后也可以用磁铁碰碰家里的东西,找找还有哪些东西能被磁铁吸起来。

活动3:哇,三脚架

活动目标:

1.寻找用游戏棒架起彩泥的方法,发现"三脚架"具有稳定性。

2.在制作"三脚架"的过程中能发现并乐意解决问题。

3.喜欢科学探究活动,体验操作和成功的乐趣。

活动重难点:

在制作"三脚架"的过程中能发现并乐意解决问题。

活动准备:

1.材料准备:游戏棒、橡皮泥、扭扭棒、竹签、铃鼓等;课件。

2.环境准备:在教室增加一些"三脚架"物品。

3.经验准备:有玩木棒的经验。

教学过程:

一、实物导入,激起幼儿兴趣

教师出示游戏棒和橡皮泥。

教师提问:这是什么?你们平时是怎么玩的?

二、探索发现，尝试解决问题

1.教师演示，公布游戏规则，幼儿认真倾听。

教师提问：你们想挑战用几根游戏棒把橡皮泥稳稳地撑在桌上吗？待会儿就请小朋友来试一试，可以多选几根游戏棒哦，稍稍用点力把游戏棒插进橡皮泥里，插完后稍稍调整角度，松开手试试会不会倒，会倒就说明还没有成功，还需要调整。如果不会倒，就说明你成功了。现在就请小朋友用桌上的材料来试试看。谁能用游戏棒把橡皮泥撑起来，让橡皮泥稳稳地站在桌上呢？看看你用了几根游戏棒？

2.幼儿操作。

3.分享经验。

教师提问：谁来分享下，你成功了没有？你用了几根游戏棒把橡皮泥撑起来的？你是用什么办法让游戏棒撑起来的？怎么插的？

教师小结：每根游戏棒的一头要集中插在橡皮泥的中间，高度一样高，下面要分开，才能将橡皮泥撑起来哦。(比较幼儿的作品，根据实际情况引导幼儿发现游戏棒必须撑开才能站起来)

4.交代操作要求，尝试用最少的游戏棒将橡皮泥撑起来。

教师引导语：刚刚大部分小朋友都成功了，没成功的也不用灰心，等会儿老师给你们机会继续完成！接下来我们要接受新的挑战了！你准备好了吗？我想请你们试一试，用最少的游戏棒将橡皮泥稳稳地撑起来。谁用的游戏棒最少呢，再试试看吧！

5.幼儿探索，教师指导。

6.交流操作结果。

教师提问：你最少用了几根游戏棒把橡皮泥撑起来了？(3根)有没有比3根更少的了？

7.小结。

教师小结：我们发现，围绕一个中心点，把三根游戏棒搭成一个三角形，就能又方便又稳固地把橡皮泥撑起来。它有一个好听的名字，叫“三脚架”。

三、结合生活,仔细观察

1.回忆生活经验。

人们根据这个发现做了很多有用的架子,在生活中你有没有看见过三脚架?它们有什么用?

2.用课件演示各种三脚架。

教师提问:老师带来了几张图片,看看它们的三脚架在哪里?请你找出来?(请幼儿用笔划出三脚架的位置)

(1)(出示相机三脚架图片)教师提问:看看这是什么三脚架?它有什么用啊?(拍照的时候可以把照相机放在上面,这样拍照就更稳更方便了)

(2)(出示画板三脚架图片)教师提问:这个是什么三脚架?(有了这个三脚架啊,就可以把纸架在上面画画了,很方便)

(3)(出示三脚凳图片)教师提问:看看这张凳子和我们坐的不一样吧,它有几只脚?所以我们叫它三脚凳。

(4)(出示多层三脚架)教师提问:这个是多层三脚架,它的每一层都可以用来放一些生活用品,可以放很多东西,不占地方,非常方便。

(5)(出示架子鼓图片)教师提问:看看这张图片中哪里有三脚架?圆圆的那个可以敲出声音来的是什么啊?(鼓)在鼓的下面有三脚架,所以叫它架子鼓。

四、用三脚架原理制作"架子鼓",体验乐趣

1.介绍材料及制作要求。

这里有一些竹签和扭扭棒,请你们用"三脚架"的原理,三人合作制作一个鼓架,把铃鼓撑起来。一个人拿住竹签,一个人用扭扭棒把竹签扎紧,注意要多扭几圈。再把三根竹签撑开来,摆成三脚架的样子。(请个别幼儿配合示范)

2.幼儿操作,教师指导。

提醒幼儿一定要把竹签扎紧。

3.展示作品,请幼儿演奏,感受成功的乐趣。

五、延伸活动

请幼儿回家再找找还有哪些有用的三脚架，用“三脚架”的原理还能做出哪些有用的东西。

活动4：小车比赛

活动目标：

1. 探索感知相同的物体，在相同的坡面、不同的坡度上的滚动速度是不同的。

2. 尝试用记录表的方式表现实验的结果，初步学习记录实验结果。

3. 大胆发现问题，表达自己的发现。

活动重难点：

尝试用记录表的方式表现实验的结果，初步学习记录实验结果。

活动准备：

1. 材料准备：相同的玩具小车两个，高矮不一的斜坡跑道两个（地面标有数字）；不同坡面的斜坡跑道三个（瓦楞纸、毛巾、光滑白纸）；记录活动表格；停车场标志数字标记；纸砖若干。

2. 环境准备：在科学区准备各种各样的能滚动的物体和高矮不同的斜坡。

活动过程：

一、创设探究环境，引入活动主题

教师提问引导幼儿观察环境，发现小汽车与不同坡度的赛道。

教师提问：小朋友用眼睛仔细观察一下，活动室有什么变化？

二、问题引导，激发幼儿探究兴趣

1. 教师引导幼儿观察赛道的区别，共同整理经验。

教师提问：今天我们要和小汽车和赛道玩游戏，玩什么游戏呢？请小朋友站到这边来，观察一下这三条赛车跑道有什么不一样？

教师小结：有高的跑道，也有矮的跑道。

2.交流发现,表达自己的发现。

教师提问:请大家想一想、猜一猜汽车从不一样的高度上跑下来,会有哪些不一样的地方呢?

幼儿猜测后,教师取出小汽车,提出操作要求,开始验证。

教师引导语:为了公平起见,我们请来了三辆一模一样的小汽车,请三位小朋友体验一下。请操作的小朋友轻轻地把小汽车放在上面,让小汽车自己跑起来。其余小朋友在一旁观察有什么发现,一会儿告诉大家。

教师提问:你有什么发现?

幼儿大胆表述。

3.分组探索,实验记录。

教师协助幼儿分组分工。

将幼儿分成三组(每组一个小组长),小组长记录每次汽车从跑道上跑下来的距离。两个幼儿每人一个小汽车,从一块砖逐步加到五块砖,记录每次汽车跑下来的距离,其余幼儿在一旁观看。

4.观察记录表。

教师提问:记录表上有什么呀?数字是什么意思呢?

教师小结:跑道一块纸砖高时,小汽车能跑多远?试试汽车在不同高度的跑道分别跑多远。

5.幼儿操作,教师实时指导和启发,并验证结果。

6.操作完成,幼儿分享记录的结果,提升经验。

教师提问:你发现有什么秘密了?

教师小结:坡度越高,小车跑得越远。

三、通过小游戏,帮助幼儿用获得的经验去解决问题

1.教师更换跑道(不同接触面),加上道具"停车场"。

教师提问:仔细观察跑道有什么变化?想想怎样把车停到停车位?

教师提问:请小朋友们注意看一下,别人是怎么做的。成功了吗?想一想他为什么会成功。如果没有成功,你再动动脑筋,思考一下,如果是你,你会怎么调整?

2.再次实验。

(1)教师调整"停车场"的位置(远近),幼儿再调整砖块高度和坡度。

(2)总结发现,体验探究的乐趣。

教师提问:刚才我们用不同材质的跑道试了试,用什么方法帮助小汽车进"停车场"呢?为什么要加纸砖?

教师小结:加上纸砖,让它变高,跑道的坡度变大,小汽车就能跑得远。减少纸砖,让它变矮,跑道的坡度变小,小汽车就跑得近。

四、活动结束

教师引导语:我们把材料放到活动区,以后继续玩。

区域游戏活动

活动1:水果宝宝的沉与浮

活动目标:

1.观察水果在水中的沉浮现象,初步获得有关物体沉浮的经验。

2.用简单的方式记录水果在水中的沉浮状态。

3.培养幼儿耐心细致做事情的习惯。

活动准备:

材料准备:各种水果;每人一盆水。

活动过程:

1.观察与猜测。

教师提问:这些水果放到水里会发生什么呢?

2.探索与讨论。

教师小结:我们轻轻把水果放到水里,看看到底会发生什么呢?

3.验证与记录。

幼儿边探索边记录,教师巡回指导。

指导幼儿仔细观察水果在水里的沉浮状态，将幼儿的记录逐个进行验证与分析，按幼儿的记录进行讲解，并对幼儿错误的记录再次进行操作，使幼儿对沉浮现象有进一步了解。

活动2：小鱼游上来

活动目标：

1.感知磁铁具有磁性，可以吸起铁制品。

2.感知磁铁不直接接触铁制品，也能使物品移动。

3.探索磁铁同性相斥、异性相吸的奥秘。

活动准备：

材料准备：一个透明的矿泉水瓶，贴上水草装饰；回形针若干，贴上小鱼装饰；一块磁铁。

活动过程：

1.用磁铁隔着矿泉水瓶吸住"小鱼"。

帮助幼儿探索磁铁同性相斥、异性相吸的奥秘。

2.慢慢沿着瓶子外壁向上拖动磁铁，就像小鱼在海里自由自在地游泳。

3.拖到瓶口后将"小鱼"拖出。

活动3：小球站稳了

活动目标：

1.积极探索利用一张纸使小球稳定的不同方法。

2.能用完整的语言讲述自己的操作过程。

3.能积极动脑筋想办法，解决问题。

活动准备：

材料准备：乒乓球、橡皮泥、报纸、积木等。

活动过程：

1.幼儿自由玩球。

2.解决问题，让球站稳。

观察幼儿帮助小球站稳的方法，鼓励幼儿积极动脑筋，大胆猜想，帮助他们表述自己的想法。

3.动手尝试，实践想法。

活动4：滚动起来

活动目标：

1.滚动各种物体，探究和感知能够滚动的物体的形状特征。

2.尝试通过改变外形，把不能滚动的物体变得能够滚动。

3.感受通过自己的思考和实践进行自主实验的快乐。

活动准备：

材料准备：能够和不能够滚动的玩具若干；有能够滚动和不能够滚动标志的大筐各一个。

活动过程：

1.导入主题。

教师提问：今天我们去参观“玩具城”，小朋友仔细看看玩具城里有些什么玩具？猜猜哪些玩具是能滚动的？哪些玩具不能滚动？

2.探究什么物体能够滚动。

（1）请幼儿试试、玩玩、看看到底哪些物体能够滚动。

（2）将能够滚动的玩具送到有滚动标志的大筐里，不能滚动的玩具送到有不能滚动标志的大筐里。

（3）教师提问：这些能够滚动的物体的形状有什么特点？那些不能滚动的物体的形状又是什么样的？

3.尝试让不能滚动的物体变得能够滚动。

（1）教师提问：你可以用什么办法，把不能滚动的物体变得能够滚动呢？（引导幼儿思考）

（2）让幼儿动手尝试，可以与同伴合作。教师指导，让每位幼儿都主动参与进来。

（3）请幼儿展示交流探究结果。（把报纸卷成团；把硬纸卷成筒；把两个半圆拼成一个圆；借助于能够滚动的玩具）

4.活动延伸。

在活动区继续提供多种物体供幼儿操作，同时，鼓励幼儿将不能滚动的物体变成能够滚动的，进一步观察滚动现象。

主题三 昆虫大集合

主题说明

昆虫是世界上种类最多的动物，也是地球上最古老的生物之一。不论生活在高山或平原，还是身处城市或者乡村，幼儿都可能接触到各种各样的昆虫。幼小的孩子似乎天生喜欢昆虫，他们对那些小生命充满了好奇："昆虫住在哪里？它们如何成长，怎样变大？昆虫吃些什么，它们需要喝水吗？昆虫怎样活动，怎样发光，怎样发声？不同的昆虫有何特殊的本领？昆虫和我们人类生活有什么关系？"在奇妙的昆虫世界里，的确有着许多有趣的知识和经验，可以让幼儿饶有兴趣地学习和探究。

借由本次主题，我们将带领幼儿一起探索奇妙的昆虫世界。在探索寻找昆虫的过程中，帮助幼儿发现昆虫的踪迹，了解不同类型昆虫的居住环境；引导幼儿通过认真观察，学习辨认昆虫的各种特征；在亲手饲养照顾昆虫的过程中，发现不同类型昆虫的习性与行为，并且养成关心、爱护野生动物的习惯。总之，经过实际的观察与接触，幼儿将在认识了解昆虫的经历中，获得对生命的特别感悟。

图3-1 看一看，有昆虫吗

图3-2 小工具来帮帮忙，我们一起找昆虫

主题目标

1.了解蚂蚁的外形特点、生活习性、生长过程和分工。

2.认识蜻蜓的外形特点和生活习性。

3.用简单明了的语言描述常见昆虫的基本特征和习性。

4.了解螳螂、枯叶蝶、木枝虫等昆虫利用"保护色"进行自我保护的本领。

主题	集中教育活动	区域游戏活动
昆虫大集合	活动1:蚂蚁王国	活动1:蚂蚁小实验
	活动2:蜻蜓飞飞	活动2:做蜻蜓
	活动3:昆虫小博士	活动3:昆虫博物馆
	活动4:昆虫躲猫猫	活动4:伪装术

集中教育活动

活动1:蚂蚁王国

活动目标:

1.了解蚂蚁的外形特点、生活习性、生长过程和分工。

2.能按照不同蚂蚁的角色进行表演。

3.学习蚂蚁勤劳团结、分工合作的精神。

活动重难点:

了解蚂蚁的生活习性,知道团结起来力量大。

活动准备:

1.材料准备:电子书;雄蚁、工蚁、蚁后、兵蚁头饰;音乐《蚂蚁搬豆》。

2.经验准备:幼儿对蚂蚁有过观察的经验。

活动过程：

一、音乐导入，引起幼儿回忆

1.在音乐《蚂蚁搬豆》中，组织幼儿进入活动室。

2.教师引导幼儿回忆观察到的蚂蚁特点，出示蚂蚁图片，幼儿自由表达。

教师提问：孩子们，还记得我们上次去种植地用放大镜观察蚂蚁吗？你发现了什么？蚂蚁身体的各个部分有什么用？

教师小结：原来小蚂蚁的身体由头、胸、腹组成，头上长着一对触角、一双眼睛和嘴巴，身上长着六条腿。

二、拓宽视野，深入了解蚂蚁

1.了解蚂蚁群体生活。

教师提问：蚂蚁是习惯独居还是群居呢？你以前经常会看到一只蚂蚁还是一群蚂蚁？

2.了解蚂蚁群体中的分工。

出示电子书，教师戴蚂蚁头饰介绍蚂蚁家族成员的分工。

教师提问：它们都要做些什么呢？每只蚂蚁都要做一样的事情吗？我们一起来看看吧。

蚁后：体积最大，负责产卵，繁殖后代，管理这个大家庭。

兵蚁：头大，上颚发达，可以粉碎食物，负责保护蚁后的安全。

工蚁：体积最小，数量最多，负责建造和扩大蚁穴、饲喂幼虫及蚁后。

蚂蚁们很勤劳团结，会分工合作，相互帮助。

3.蚂蚁的生长过程。

(1)幼儿欣赏蚂蚁生长过程的图片，讨论每个阶段蚂蚁的样子。

教师提问：蚂蚁小时候就长这个样子吗？我们一起来看一看。

(2)出示电子书，教师戴蚂蚁头饰扮成“导游”带领幼儿“参观”蚂蚁王国。

教师小结：这是蚁后的产卵室，蚁后产卵后，工蚁会把卵搬到卵室，在卵室里小心照顾它们。因为幼虫的发育需要合适的温度，因此工蚁经常将它们搬来搬去，维持合适的发育温度。在饲喂幼虫时工蚁先把食物吃进去，再吐出来喂养幼虫。幼虫慢慢长大,在化蛹室化成蛹,最后变成蚂蚁。有的蚂蚁做兵蚁,保护蚁后和蚂蚁王国的安全;有的蚂蚁做工蚁,饲喂幼虫及蚁后、搜集食物等;还有一些雄蚁和雌蚁,这些雄蚁和雌蚁不工作,只负责进食生长,它们都有翅膀,成熟后会一起飞出蚁巢交配,交配后雄蚁会很快死亡,而雌蚁则会寻找一个合适的地点做巢,吃掉自己的翅膀,成为蚁后,产卵发展一个新的蚁巢。

4.学习儿歌。

小蚂蚁,本领大,建造一个大王国。大王国,房间多,功能大小各不同。

三、角色表演游戏

讨论游戏规则:小组合作表演蚂蚁王国的故事。

故事内容由小组自主改编,幼儿戴上蚁后、工蚁、兵蚁的头饰,扮演各种角色,进行表演,其他道具可以利用活动室里的物品,也可以自制。准备时间10分钟。每组表演5分钟以内。

活动2:蜻蜓飞飞

活动目标:

1.认识蜻蜓的外形特点和生活习性。

2.理解并能按照一定顺序讲述或用动作模仿蜻蜓的生长过程。

3.知道蜻蜓益虫,要保护动物,热爱大自然。

活动重难点:

能感知蜻蜓的生长过程和生活习性。

活动准备:

1.材料准备:有关蜻蜓的各种图片。

2.经验准备:对蜻蜓有过观察的经验。

活动过程：

一、谜语导入，引发兴趣

教师提问：今天老师给你们带来一个谜语，认真听，猜猜看它是什么昆虫？小飞机，纱翅膀，飞来飞去灭虫忙，低飞雨，高飞晴，气象预报它内行。

教师提问：你在哪里见到过蜻蜓？蜻蜓长什么样子？谜语中提到了蜻蜓有哪些本领？

二、拓宽视野，深入探究

展示蜻蜓的图片，引导幼儿仔细观察蜻蜓的外形特点，并用完整的语言表述出来。

教师提问：蜻蜓由哪儿部分组成？它的翅膀是什么样子的？它的眼睛有什么特别的地方？

教师小结：蜻蜓有细长的尾巴和两对又长又窄的翅膀，翅膀薄薄的像一层膜，网状的翅脉非常清晰；它有一对触角，又细又短；它有单眼3个，复眼一对，是世界上眼睛最多的昆虫。蜻蜓的眼睛又大又鼓，占据着头的绝大部分，且每只眼睛又由数不清的“小眼”构成，这些“小眼”可以辨别物体的形状大小，它们的视力极好，还能向上、向下、向前、向后看而不必转头。此外，它们的复眼还能测速。这使得它们成为昆虫界的捕虫高手。

三、观察与讨论

展示蜻蜓点水的图片和蜻蜓生长的视频与图片，和幼儿一起对蜻蜓的生长过程进行观察和讨论。

1. 教师提问：请你们猜一猜图片中的小蜻蜓在干什么？

教师小结：蜻蜓妈妈和蜻蜓爸爸交配后，蜻蜓妈妈把卵产在水里，所以蜻蜓点水其实是在生蜻蜓宝宝。

2. 教师一边播放视频，一边运用表示时间先后的连接词“刚开始、然后、接着、最后”介绍蜻蜓的生长过程，引导幼儿仔细观察。

教师小结：你们想知道蜻蜓宝宝是怎么样出生和长大的吗？让我们一起来看看吧！蜻蜓妈妈把卵宝宝产在水里。刚开始，蜻蜓的幼虫从卵里出来变成了水虿，水蚕在水里生活，潜伏在水底，捕食蝌蚪或者小鱼；然后，水虿会脱皮，每脱皮一次它就长大一些，接着，长大的水虿会停止进食，这时候它便准备从水中动物变成陆生动物；最后，水虿把旧壳脱掉，就长出翅膀羽化成蜻蜓啦！刚羽化的蜻蜓，翅膀和身体会慢慢变色，等到它的骨骼变硬了，它就要振动翅膀飞起来了。

3.教师提问，帮助幼儿回顾视频中蜻蜓的生长过程。

教师提问：蜻蜓宝宝小时候叫什么名字？生活在哪里？吃什么？水虿经过怎么样的变化后就要开始到陆地上来？

4.展示蜻蜓生长变化系列图，组织幼儿讨论蜻蜓的生长过程，使用表示时间先后的连接词"刚开始、然后、接着、最后"帮助幼儿梳理蜻蜓的生长过程。

教师提问：这儿截取了一些蜻蜓从小到大的生长过程图片，你们看图与图之间都有什么？箭头表示什么？那我们要从哪张图看起？请你们按照图片的先后顺序说说蜻蜓是怎样长大的。

四、表演游戏：蜻蜓长大了

教师说出各个阶段蜻蜓生长过程的口令，幼儿根据口令发挥想象用动作进行模仿，教师提醒他们动作要贴近该时期蜻蜓宝宝的特点，并区别于其他时期的蜻蜓宝宝。

活动3：昆虫小博士

活动目标：

1.用简单明了的语言描述常见昆虫的基本特征和习性。

2.总结昆虫的共有特性。

3.对昆虫感兴趣，愿意搜集更多关于昆虫的信息。

活动重难点：

用语言描述常见昆虫的基本特征和习性。

活动准备：

1.材料准备：昆虫标本、挂图。

2.经验准备：对昆虫有过观察的经验。

3.环境准备：布置昆虫的生活环境。

活动过程：

一、图片导入，激发兴趣

将挂图的各个部分用纸遮挡起来，请幼儿观察图片并说出自己认识的昆虫。

教师提问：我们最近都在研究昆虫，那这些昆虫你们都认识吗？它们都是谁？

二、拓宽视野，深入探究

1.鼓励幼儿大胆猜测，表达自己的观点。

教师提问：昆虫到底是什么样子的呢？怎样才算是昆虫呢？它们都有翅膀吗？这里的哪只昆虫没有翅膀？所有的蚂蚁都没有翅膀吗？（图中的蚂蚁没有翅膀，但是有的蚂蚁是有翅膀的，如雄蚁，教师可以帮助幼儿提取前期活动中获得的知识经验）

教师提问：它们都有触角吗？触角是长在哪里的？触角的作用是什么？它们的身体都由哪些部分组成呢？它们的脚都有几只呢？

2.师幼共同讨论。

教师小结：原来不是所有的虫子都是昆虫，昆虫的身体由头、胸和腹部组成，头上有对触角，通常有翅膀和六条腿。所以，蜘蛛、蚯蚓不是昆虫，蚂蚁、蝴蝶、蜜蜂、甲虫、螳螂、蚊子都是昆虫，昆虫有很多种，它们是一个大家庭。

3.自主探索。

教师提问：这里还有几个关于昆虫的问题，你想了解哪一个？

三、自主阅读、交流分享

出示昆虫标本，请幼儿仔细观察其中的昆虫，说一说这些昆虫外形的特点。教师记录幼儿的问题。对于幼儿可以自行解答的问题，鼓励幼儿之间你问我答。对于不太容易解答的问题，教师将问题记录下来，请幼儿去寻找问题的答案，并在日后将问题解决。

教师引导语:蝴蝶和螳螂小的时候和长大后一样吗?箭头表示什么意思?请你用'开始……然后……接着……最后……'的句式说清楚你的发现。

教师提问:昆虫喜欢吃什么?在哪里可以找到这些食物?

你喜欢昆虫吗?为什么?是不是看到昆虫都要消灭呢?如果你很害怕,该怎么办呢?(我们生活的周围有各种各样的昆虫,它们有不同的习惯和本领,它们都是地球妈妈的小生命,有些我们要爱护,有些危害我们生命和健康的可以去消灭)

昆虫的秘密有许许多多,你还想了解关于昆虫的哪些问题?

活动4:昆虫躲猫猫

活动目标:

1.了解螳螂、枯叶蝶、木枝虫等昆虫利用"保护色"进行自我保护的本领。

2.让幼儿了解更多的昆虫,从而产生探究动物自我保护本领的兴趣。

3.在躲藏游戏中理解"保护色"。

活动重难点:

了解昆虫利用"保护色""拟态"进行自我保护的方法。

活动准备:

1.材料准备:音乐《森林狂想曲》、挂图一幅(画面上有蝴蝶、瓢虫、蜻蜓、螳螂、枯叶蝶等昆虫),PPT《捉迷藏的昆虫》,视频《昆虫的保护色》,昆虫小图片20张。

2.经验准备:对昆虫有过观察的经验。

3.环境准备:布置昆虫的生活环境。

活动过程:

一、情境导入,激发兴趣

聆听音乐《森林狂想曲》,引导幼儿在音乐的情境中扮演小昆虫进入活动场地。

教师提问:孩子们,今天我们一起去森林玩吧,猜一猜会遇见谁呢?

二、体验观察，探索奥秘

1. 自由观察，寻找其中隐藏的昆虫。

教师提问：咦，我听到一只小昆虫在说话，它说它在画里跟小朋友们捉迷藏呢！小朋友们找一找，小昆虫在哪里呀？

2. 交流分享，合作探究。

（1）教师提问发现昆虫的幼儿。

教师提问：这些昆虫你认识哪一个，指一指，你能叫出它的名字吗？

（2）教师提问没有发现昆虫的幼儿。

教师提问：为什么看不出它是一只昆虫呢？

教师小结：因为它与周围的植物颜色非常接近，所以不仔细看的话，很难认出它是一只昆虫。

（3）教师提问：昆虫为什么要这样做呢？

3. 教师播放视频，引导幼儿对昆虫产生兴趣。

教师播放PPT《捉迷藏的昆虫》，引导幼儿认识它们的保护色。

教师小结：昆虫有自己的敌人，许多小鸟都非常喜欢吃昆虫，小鸟飞得快，一下子就会捉住昆虫，昆虫常常想办法保护自己，让小鸟找不到自己。

（1）放课件：介绍花螳螂、枯叶蝶、木枝虫。

教师小结：你看花螳螂刚生下来的时候，还是幼虫。它躲在花朵的中间，就像花蕊一样，小鸟怎么也找不到它。

枯叶蝶就像一片破叶子，它停在树上和叶子非常像。小鸟飞过来，看不见它，就又飞走了。

你再看看木枝虫的幼虫，它爬到树枝上，停在那里，就像小树枝。要是不仔细看，谁也找不着它。

如果没有这样的本领，昆虫就很容易被它的敌人吃掉。

（2）梳理经验，合作整理。

教师提问：小鸟为什么找不到花螳螂、枯叶蝶、木枝虫？

教师小结：昆虫本领真大，会保护自己，它们会把身体变得和身边环境的颜色一样，我们把昆虫的这种本领叫"保护色"。如果没有这样的本领，昆虫就容易被它的敌人吃掉。

(3)教师出示一些具有保护色的昆虫的图片供幼儿观察：蝗虫、蚂蚱、绿螳螂、知了等昆虫，引导幼儿说出它们的保护色。

教师引导语：还有一些昆虫保护自己的本领很奇怪，我们来看一看。

三、拓展经验，深化认识

1.看视频《昆虫的保护色》。

教师提问：你看到的其他昆虫是怎么保护自己的？说一说。

2.讨论并分类。

教师发给幼儿许多小图片，让他们互相看一看，讨论昆虫的保护色，然后说一说，尝试分一分图片。

3.人类的保护色。

教师小结：昆虫和动物都能用如此聪明的方法来保护自己，更好地生存下去。科学家们从昆虫的身上得到了启示，创造了许多伟大的发明。

教师播放图片：迷彩服、坦克车、飞机，作战时的士兵。

教师小结：士兵在丛林等地执行任务时，为了保护自己，迷惑敌人，要在脸上涂油彩和身上穿迷彩服，这种伪装自己的行为就是人类通过效仿动物保护色的本领而得来的。

区域游戏活动

活动1：蚂蚁小实验

活动目标：

1.能积极主动地参与蚂蚁小实验活动。

2.观察学习记录的方法。

3.了解蚂蚁的生活习性。

活动准备：

材料准备：《蚂蚁找食物》；糖果、饼干、果奶等蚂蚁喜欢吃的东西，纸；自制观察记录表人手一份；笔人手一支。

活动过程：

每人发一份观察记录表、一支笔，请幼儿做小实验，并在实验中找到问题的答案。

1.蚂蚁爱吃什么?

猜想：蚂蚁喜欢吃什么? 把答案画在观察记录表上，幼儿准备自己认为蚂蚁喜欢吃的食物，如糖果、饼干等。

实验方法：带领幼儿到蚂蚁常常出现的地方，把自己准备的食物放在附近。过一段时间就去观察哪一种食物引来的蚂蚁最多，把观察结果记录在观察记录表上。

2.蚂蚁走的路线。

实验方法：在户外的地上放一些蚂蚁爱吃的东西。等蚂蚁找到同伴搬运食物时，它们会慢慢排成一条线。试着用手指擦一下那条路线，看看蚂蚁会不会找到原来的路；再试着将擦的范围扩大，看看蚂蚁过多久才能找到原来的路，或者是否会找另外的路走。幼儿在记录表上记下自己的假设。

3.蚂蚁来排队。

实验方法：在纸上画出简单的图形，在图形轮廓上摆上糖果。到户外把这张纸放在蚂蚁常常走过的地方，过一会儿看看蚂蚁会做什么，它们是否会绕着糖果排出图形。请幼儿在记录表上画出果糖摆出的图形并记下自己的假设。

活动2：做蜻蜓

活动目标：

找到手工材料与蜻蜓外形的相似性，并独立制作蜻蜓造型。

活动准备:

各种汤匙、旧牙刷、有一定硬度的纸片、彩色纸、纽扣、塑料纸、扭扭棒、剪刀、画笔、双面胶、胶棒等。

活动过程:

1.根据教师所提供的材料,试着找到各材料与蜻蜓造型的相似性。

2.独立制作蜻蜓模型,如用汤匙、旧牙刷做蜻蜓的身体,用硬纸片或纽扣做蜻蜓的眼睛,用彩色纸做蜻蜓的翅膀。

教师提醒幼儿关注作品的牢固性,如果眼睛或翅膀等容易脱落,则要想办法独自或与同伴合作解决问题。

3.将制作出来的蜻蜓模型放置在合适的区域进行展示,为其他幼儿提供参考。

活动3:昆虫博物馆

活动目标:

分辨昆虫和非昆虫,了解多种昆虫。

活动准备:

材料准备:蜘蛛、蝴蝶、蚂蚁、蚯蚓、甲虫、螳螂等昆虫及非昆虫的仿真玩具若干;请幼儿自带1~2张清晰的昆虫图片到幼儿园;昆虫档案记录单;记录笔。

活动过程:

1.选择仿真玩具和图片进行观察,并将结果记录在记录单上。

仿真玩具和图片的数量可逐渐增加,也可以鼓励幼儿自己带仿真玩具,补充区域材料的种类。

2.幼儿用"我发现××(虫子名字)………"的句式说清楚自己的发现。

如果有的虫子是幼儿不熟悉的,说不出名字,可将该虫子的图片展示出来让其他幼儿给予帮助,如果全班幼儿都不知道该虫子的名字,则再把图片粘贴到家园联系栏,请家长给予帮助。

教师在制作昆虫档案时，将幼儿观察的虫子的图片也粘贴在其中，以免幼儿仿画的虫子选型不够准确，较难辨识。

3.按照"是否是昆虫"进行分类、记录。教师帮助幼儿整理记录单，将所有的昆虫记录单收集在一起，制成昆虫档案。

活动4：伪装术

活动目标：

1.产生探究动物自我保护的方法的兴趣，感受动物生存本能的奇妙。

2.能细致观察、大胆表述自己的想法。

活动准备：

昆虫、动物图片、仿真昆虫、动物、游戏场景（大树、草地、花园）。

活动过程：

1.观察教师所提供的材料，试着找到"伪装者"。

2."比眼力"：幼儿仔细观察、快速寻找图片中隐藏的昆虫。

3.游戏"昆虫小侦探"，在躲藏和寻找的过程中，进一步理解昆虫的"伪装术"，产生探究的兴趣。

主题四 我们身边的科学

主题说明

随着时代的进步，现代科技给人们的生活带来了许多便利，科技无处不在。幼儿科学学习的核心是激发探究兴趣，因此要引导幼儿注意身边常见的科学现象，感受科学技术给生活带来的便利，萌发对科学的兴趣；要引导幼儿利用身边的物品和材料开展活动，发现物品和材料的多种特性和功能；要为幼儿提供观察、操作、试验的机会，支持、鼓励幼儿动手动脑大胆探索。

幼儿有着与生俱来的好奇心和探究欲望。4～5岁的儿童正处于在前概念阶段，即对事物的认识由片面到全面、由表面到本质，思维有着明显的自我中心特点，对客观事物和自然现象的认识和理解，往往从主观愿望和个人感觉出发，形成了儿童特有的独到眼光，为此我们创设了主题活动"我们身边的科学"，其价值在于在尊重儿童年龄特点的基础上，引导幼儿正确看待这些科学创造，并初步形成科学的思维模式。

图4-1 我找到的塑料制品

图4-2 好酷的电动玩具——大黄蜂

1.了解生活中各种门的开关方式。

2.通过认识各种塑料制品,了解其特性。

3.能探索发现电动玩具的共同特征,知道电池在电动玩具中的作用,学习正确安装电池的方法。

4.通过活动认识一些生活中的高科技产品,知道它们的特别功能。

主题	集中教育活动	区域游戏活动
我们身边的科学	活动1:有趣的门	活动1:放大镜
	活动2:塑料制品	活动2:玻璃制品
	活动3:我们的电动玩具	活动3:电风扇和扇子
	活动4:生活中的高科技产品	活动4:水果榨汁机

活动1:有趣的门

活动目标:

1.了解生活中各种门的开关方式。

2.运用说、唱和身体动作等形式,来表现门的开关方式。

3.在游戏过程中充分享受模仿表演带来的乐趣。

活动重难点:

运用说唱和身体动作等形式,来表现门的开关方式。

活动准备:

1.物质准备:有关门的图片、录像。

2.经验准备:幼儿熟悉歌曲《红苹果》的旋律。

活动过程:

一、猜谜导入,激发兴趣

教师提问:进来一推,出去一拉,关上一声响,谁也进不来。小朋友,请你们猜一猜是什么呢?

二、了解开门的不同方式

1.提问激发幼儿的回忆,大胆表述。

教师提问:你见过什么门?我们能怎样打开它、关上它呢?(推拉门,真有趣,推过去它就开、拉过来它就关。)

幼儿展开讨论。

教师提问:除了一推一拉就打开的推拉门,你还见过什么门?它们又是怎样打开的呢?

幼儿讨论交流。

2.整理相关经验。

出示相应的图片,同时逐个介绍几种常见的门。

手移门。

幼儿说说并介绍。教师出示图片并整理成儿歌。游戏:手移门。

感应门。

观看录像,幼儿介绍教师补充。整理成儿歌。游戏:感应门。

旋转门。

观看录像,幼儿介绍教师补充。整理成儿歌。游戏:旋转门。

幼儿分别模拟各种门的游戏,加深对开关门方式的了解。

3.说说唱唱,提升经验。

(1)这些门真有趣,里面还藏着一首儿歌呢,一起来说说吧。

推拉门,真有趣,推过去,它就开,拉过来,它就关;

手移门,真有趣,移过去,它就开,移过来,它就关;

感应门,真有趣,靠近它,它就开,离开它,它就关;

旋转门,真有趣,转过去,我进去,转过来,我出来。

(2)用《红苹果》的旋律来唱一唱。

(3)幼儿跟随音乐边唱边做开关门的游戏。

三、拓展经验,联系生活

生活中还有其他几种特殊的门,如伸缩门、卷帘门等,它们的开关方式也是很特别的。

活动2:塑料制品

活动目标:

1.通过认识各种塑料制品,了解其特性,知道塑料制品的用途很广泛。

2.观察辨别各种塑料制品,了解简单的安全使用常识。

3.懂得不乱丢塑料制品,防止环境污染。

活动准备:

1.材料准备:塑料制品及其他物品若干;操作用的三组材料(桌子、水、袋子、蜡烛、塑料管、玻璃片、塑料片、金属调羹、塑料调羹等)。

2.经验准备:知道焚烧塑料有味道,对人体有害。

3.环境准备:在教室布置环境污染的照片。

活动过程:

一、认识塑料制品,了解其用途

教师提问:老师在桌子上放了许多塑料做的东西,你们来看看是什么,有什么用?是什么材料制成的?

请幼儿观察后回答。

教师小结:这些东西都是塑料做的,我们叫它塑料制品,塑料制品有玩具、有锻炼身体用的体育器械……塑料制品的用途可真多。

二、探索了解塑料制品的特性

1.玩塑料制品,初步探索其特性。

教师鼓励幼儿摸一摸、敲一敲、闻一闻,感知塑料制品的特性。

教师提问:请你们玩一玩、摸一摸、看一看塑料制品,你能发现什么?

教师引导幼儿说出形状、颜色、薄厚、软硬、高矮、长短不同;引导幼儿了解它不怕摔、不怕水、比较方便等特征。

教师提问:这些塑料制品有什么不同的外形特点? 还有什么共同的特性?

教师小结:塑料制品颜色鲜艳,不容易摔破。

2.操作观察,进一步探索其他特性。

(1)提出操作要求,要求幼儿参加每一组的活动。

教师提问:你又发现了塑料制品的哪些秘密?

(2)教师逐步引导幼儿发现不同的秘密。

第一组:比较玻璃片与塑料片、金属调羹与塑料调羹、玻璃杯与塑料杯的不同。

第二组:燃烧小实验。

第三组:用不同材料的袋子装水。

(3)幼儿操作后回答。

三、懂得不乱丢塑料制品,爱护环境

教师提问:塑料制品有很多优点,也有很多不足之处,你们知道塑料制品有什么缺点吗? 塑料制品坏了、旧了怎么办? 能不能乱扔? 为什么?

教师小结:塑料降解慢,对人身体有害,对环境造成污染。

活动3:我们的电动玩具

活动目标:

1.喜欢玩各种电动玩具,能探索发现它们共同的特征。

2.知道电池在电动玩具中的作用,学习正确安装电池的方法。

3.懂得废旧电池会污染环境,要及时回收。

活动准备：

猫头鹰玩偶、幼儿人手一个电动玩具、电池若干。

活动进程：

一、创设情境，引起兴趣

1.教师带领幼儿进入活动室。

教师引导语：小朋友，今天猫头鹰博士邀请我们去它的电动城玩儿，你们想去吗？那我们就出发吧！

2.带幼儿操作前，要求幼儿爱护玩具。

出示猫头鹰：小朋友，你们好，欢迎你们到我的电动城来玩，刚才的玩具都看到了吗？现在请你选一件自己喜欢的玩一玩，不过玩过以后要来告诉我，你玩的是什么？它会怎么样？玩的时候请你们爱护它们，好吗？

3.自由观察。

幼儿分散按意愿玩，教师巡回指导，提示幼儿进行观察。

二、探索、发现电动玩具的特征

1.幼儿讲述：分享发现。

教师提问：你玩的是什么？它会怎么样？(请3～5名幼儿讲)如“我玩的是××，它会亮(走、响、动……)。

2.操作后，幼儿互相发表自己的想法。

教师提问：小朋友们观察得真仔细，发现玩具会亮、会响、会动，它们可真好玩。可它们为什么有的能动，有的能响呢？

3.幼儿自由操作，寻找电池，互相发表自己的想法。

教师提问：请你们在玩具身上找找看，是谁供给它们电，使它们动的呢？

教师提问：你发现了什么？

4.请幼儿边操作边讲述，引导其他幼儿观察。

教师提问：小朋友都认为电池能供电给玩具让它们动起来，电池真的能供电吗？我们来试试，如果把电池拿掉，看看它还会不会动呢？

5.幼儿自由操作,取出电池试试。

教师提问:你们把电池拿出来后,它怎么样了?

6.小结。

教师:看来,真的是电池起了作用,电池可以供电给玩具,让它们能动、能亮,电池的本领可真大啊!

三、学习正确安装电池

1.了解电池的特点,幼儿自由讲述。

教师提问:电池长什么样的?

教师提问:平时还有哪些地方用到电池? 如:收音机、遥控器、电子手表、照相机……

2.尝试安装电池。

幼儿尝试装电池,教师巡回观察,不做指导。

教师引导语:请小朋友再给玩具装上电池,让它们能再次动起来、跑起来。

3.交流探索中的发现和困难。

幼儿边操作边讲述,教师引导其他幼儿观察。

教师提问:你的电动玩具动起来了吗? 你是怎么安装电池的?

教师提问:为什么安装了电池,可电动玩具还是不动呢?

引导幼儿初步了解安装电池要注意正、负极方向。

4.幼儿再次探索尝试并游戏。

请幼儿再次尝试操作,教师巡回指导。

教师小结:小朋友真能干,知道电池是各种各样的,可以用在很多地方,还学会了正确地装电池,可你们要记得电池用完了以后一定要拿出来,不然会把电动玩具弄坏,记住了吗?

四、结束活动

猫头鹰博士:小朋友,你们玩得开心吗? 下次我再邀请你们到我的电动城来玩,好吗? 再见!

活动4:生活中的高科技产品

活动目标:

1.通过活动认识一些生活中的高科技产品,知道它们的特殊功能。

2.通过自主设计的游戏活动,激发科学想象力,培养创新能力。

3.激发幼儿对高科技产品的关注兴趣和从小爱科学的热情。

活动准备:

1.材料准备:可视门铃、指纹锁、小兔家的图片。

2.环境准备:活动区增加科技产品实物或图片。

活动过程:

一、图片导入,激发兴趣

1.教师播放可视门铃图片。

教师提问:这是什么?它和我们家里平常的门铃有什么不一样?人们怎么会想到要发明这样的门铃?

2.教师播放指纹锁图片。

教师提问:这又是什么?怎么这个锁没有插钥匙的锁孔?你知道它有什么特别的地方?为什么要用指纹锁?

二、创设情境,引发想象和思考

1.创设小兔搬新家情境,引导幼儿在情境中思考。

教师提问:小兔搬新房子了,看,这是小兔家的房子,这个房子里有什么?小兔在新房子里生活,很多地方都不方便,小朋友,你们有什么好办法帮助它?

2.教师创设情境,引导幼儿感知日常生活中的难题。

——洗碗太累了,先要用洗洁精,然后冲洗,最后消毒,真麻烦。

——家里的脏衣服真多,小兔每天都要洗衣服真累。

——电脑太大占地方怎么办?能一直带在身边吗?

——上班回来好累呀,真想一到家,就能马上洗个热水澡,怎么办?

——夏天房子里太热,冬天又太冷,怎么办?

3.幼儿思考、讨论

教师引导语:请小朋友想想办法,帮小兔解决生活中的困难。

三、欣赏图片,感知各种各样的家用电器

1.看图认识各种高科技家电产品,说出它们的名称和用途。

2.小结。

教师小结:高科技产品给我们的生活带来了很多的方便和快捷,每一种产品都有自己特殊的功能,我们小朋友好好学习,长大了也要发明许多高科技产品,给我们带来更多的快乐,好吗?

四、延伸活动

教师提问:你家里有什么高科技产品?回家照相或者画下来带给小朋友们分享一下,好吗?

区域游戏活动

活动1:放大镜

活动目标:

1.认识放大镜,初步学习使用放大镜。

2.感受放大镜给观察活动带来的方便,对放大镜有探索的兴趣。

活动准备:

材料准备:放大镜每人一个;用来观察的实物,如:昆虫标本(如蝴蝶标本)、树叶书签等。

活动过程:

1.一只蝴蝶标本,引起幼儿使用放大镜的兴趣。

教师提问:这里有一只蝴蝶,你们能看清楚它的眼睛是什么样子的吗?

教师提问:怎样才能看清楚呢?你有什么好办法?可以用什么工具来帮忙?

2.了解放大镜。

教师提问:放大镜是什么样子的?你用过吗?

引导幼儿回忆使用放大镜的经验。

3.明确使用放大镜的要求。

不要用手摸镜片,轻拿轻放等。

4.用放大镜观察物品。

请幼儿自选实物,用放大镜进行自由观察。

教师提问:怎样使用放大镜才能看得更清楚?

引导幼儿注意放大镜和实物之间的距离,可以将放大镜对准观察物上下移动,寻找一个最适合的距离,才能看得最清楚。

活动2:玻璃制品

活动目标:

1.认识各种玻璃制品及其特征和用途。

2.观察、比较玻璃制品和塑料制品的异同点。

3.对生活中的物品的特征和用途产生兴趣,懂得安全使用的简单常识。

活动准备:

材料准备:收集各种塑料制品和安全性强一些的玻璃制品;图片。

活动过程:

1.认识玻璃制品,了解其用途。

教师提问:看看你们桌上的东西,找找哪些是玻璃做的?是干什么用的?

教师提问:你还知道哪些是玻璃做的?是干什么用的?

2.认识玻璃制品的特性。

教师提问:请你摸一摸、看一看这些玻璃制品是什么样的?(无色、透明、较硬、较重、容易打碎)

教师提问:使用玻璃制品的时候,我们要注意什么呢?

3.观察、比较玻璃制品和塑料制品的异同点。

教师提问:我们来看看、摸摸、比较一下,玻璃制品和塑料制品有什么不一样?它们有相同的地方吗?

4.感受玻璃制品和塑料制品在生活中的用途。

幼儿欣赏图中的玻璃制品和塑料制品,说出哪些是玻璃制品,哪些是塑料制品。

活动3:电风扇和扇子

活动目标:

1.知道扇子是夏天必备的生活用品,它能使人们凉快。

2.欣赏各种扇子,感受中国传统扇子的美和电风扇的方便。

3.知道简单的安全使用电风扇的常识。

活动准备:

材料准备:1.每位幼儿从家里带一把扇子(包括不同形状、大小和制作材料的,如香木扇、纸扇、绢扇、羽毛扇、芭蕉扇等)到幼儿园,教师准备1~2台电风扇。

2.自制扇子和电风扇教学挂图。

活动过程:

1.知道扇子是夏天常用的解热工具。

教师提问:夏天很热的时候,我们怎样才凉快呢?

2.比较不同材料的扇子。

教师提问:看一看,你们的扇子都一样吗?有什么不一样?

引导幼儿从制作材料、形状、颜色、美观、产生风的大小、用途等方面进行比较。

教师提问:你的扇子是用什么做成的?扇起来有什么感觉?你喜欢哪一把扇子?为什么?你还见过什么扇子?

出示扇子图片，幼儿欣赏各种扇子。

3.比较中国传统的扇子和现代的电风扇。

引导幼儿了解电风扇用电，通了电就会转，风力大、节省人力。

欣赏图片，说说图中的电风扇和扇子是什么样子的，感知它们的多样性。

4.安全使用电风扇。

教师提问：用电风扇应该注意什么？（安全用电，手不靠近扇叶）

教师提问：你见过什么样的电风扇？什么地方有电风扇？

活动4：水果榨汁机

活动目标：

1.关注生活中的小家电，了解榨汁机给人们带来的便利。

2.尝试使用替代工具与榨汁机榨出榨汁机。

活动准备：

材料准备：榨汁机；托盘、勺子和筷子、垃圾盆、抹布；幼儿水杯。

活动活动过程：

1.出示橘子汁，激发幼儿思考榨出汁的方法。

教师提问：这是什么，尝一尝，它从哪里来的？

2.介绍材料，强调规则要求。

3.幼儿操作，教师巡回指导。

九龙坡机关幼儿园乐游课程

"慧探"科学

——幼儿园科学活动

教学指导用书（大班）

刘 丽 主编

西南師範大學出版社
国家一级出版社 全国百佳图书出版单位

目录

CONTENTS

大班上期科学活动

主题一 我爱秋天

主题二 我们爱探究

主题三 飞上天了

主题四 你好,冬天

大班下期科学活动

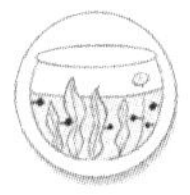

主题一 土壤的秘密

主题二 探秘动植物

主题三 力的大集合

主题四 小工具,大用处

课程说明

课程是实现幼儿园教育目的的手段，是帮助幼儿获得有益的经验、促进其身心全面和谐发展的各种活动的总和。因此，幼儿园课程在幼儿园教育中有着举足轻重的地位，也十分自然地成为幼儿园教育改革的重点。

随着幼儿园课程改革的深入，特别是近年来我们对学龄前儿童的特点和学前教育价值的进一步认识，我们在不断学习、不断反思的基础上，对幼儿园课程的特点、内容及组织形式有了深层次的理解。因此，以新的教育理念和课程观作为构建幼儿园课程的指导方针，就成为在幼儿园教育实践中广大幼教工作者的强烈需求。

如今，我国儿童科学教育无论在实践还是在研究领域，都处于一个相对薄弱的阶段。由于科学教育研究起步相对较晚，对科学教育的许多问题的研究尚处于起始阶段，一定程度上难以有效地为教育实践提供更为直接和具体的指导。在具体的科学实践中，广大的教育工作者也面临着诸多的困惑，常常在教学过程中感到不知所措，期待得到更多的引领和指导。正是基于这样的背景和基础，近年来，我园一直重视对科学活动的研究，试图弥补科学教育这块短板。

我们以培养幼儿良好的科学素养为目标，以小组学习共同体的形式，在全园尝试开展园本科学课程的研究。值得欣喜的是，在专家和领导的指导下，在教师自身的努力下，研究有效地激发了我园教师、儿童爱科学、学科学的热情，逐渐形成了内容较为广泛的、具有机关幼儿园特色的科学课程。

我园的“慧探”科学课程，旨在按照立德树人的要求培养幼儿的科学素养，为他们的继续学习和终身发展打好基础。

“慧探”科学课程是一门基础性课程。早期的科学教育对一个人的科学素养的形成具有十分重要的作用。通过“慧探”科学课程的学习，幼儿能体验科学探究的

过程，初步习得科学方法，逐步积累科学经验，形成积极、求真的科学探究习惯，为今后的学习、生活以及终身发展奠定良好的基础。

“慧探”科学课程是一门实践性课程。“慧探”科学课程把探究作为幼儿学习科学的重要方式，强调从幼儿熟悉的生活出发，通过幼儿动手动脑等实践活动，了解科学探究的具体方法和技能，理解基本的科学知识，发现和提出生活实际中的简单科学问题，并尝试用科学知识和方法予以解决。

“慧探”科学课程是一门综合性课程。理解自然现象和解决实际问题需要综合运用不同领域的知识和方法。“慧探”科学课程针对幼儿身边的现象，从有生命物质、无生命物质、自然科学现象、科学技术四个内容出发，综合呈现科学知识和科学方法，强调这四个方面的知识之间的相互渗透和相互联系，注重自然世界的整体性。同时，注重学习内容与已有经验的结合、动手与动脑的结合、知识学习与动手实践的结合、理解自然与解决问题的结合，促进幼儿的全面发展。

“慧探”科学课程以解决儿童生活中的具体科学问题为指向，从儿童生活中所遭遇的科学问题入手，利用儿童已有的日常科学概念或经验，通过解决生活中的具体问题让儿童学习科学、理解科学，并逐渐了解科学知识对于生活的意义。科学学习并不是把儿童带入茫茫无边的琐碎生活之中，而是将科学知识的学习和运用融入儿童的生活，让儿童在面对真实的科学问题时能不断地思考、不断地探究、不断地发现、不断地学习。

因此，“慧探”科学课程的理念是：生活处处有科学，科学处处有生活。

“慧探”科学课程的设计遵循《3—6岁儿童学习与发展指南》的基本精神，充分考虑幼儿的年龄特点与认知规律，反映国际、国内科学教育的最新成果，同时兼顾我园科学教育的实际情况。本课程把学前科学教育学习划分为小班、中班、大班三个学段。

“慧探”科学课程以培养幼儿科学素养为宗旨，涵盖科学知识、科学方法、科学态度三个方面的目标，每个方面都分为总目标和学段目标。“慧探”科学课程内容以幼儿能够感知的有生命物质、无生命物质、自然科学现象、科学技术中一些直观、典型的，幼儿有兴趣参与学习的重要内容为载体，让幼儿了解科学探究方法，培养幼儿对科学的兴趣和积极的探究品质。

“慧探”科学课程标准见表1：

表1 “慧探”科学课程标准

一	前言	**课程性质：**“慧探”科学课程是一门基础性、实践性、综合性的课程。
		基本理念：生活处处有科学，科学处处有生活。
		设计思路：“慧探”科学课程的设计遵循《3—6岁儿童学习与发展指南》的基本精神，充分考虑幼儿的年龄特点与认知规律，反映国际、国内科学教育的最新成果，同时兼顾我园科学教育的实际情况，把学前科学教育学习划分为小班、中班、大班三个学段。
二	课程目标	**总目标：**“慧探”科学课程的总目标是培养幼儿的科学素养。从科学的情感和态度、科学研究过程和方法、科学知识和经验三个方面阐述具体目标。
		学段目标：根据幼儿的年龄特点和发展水平的不同，同样的主题核心点进行由表及里、由易到难、由现象到本质的渐进性变化。
三	课程内容	主要包含有生命物质、无生命物质、自然科学现象、科学技术四个领域。 **有生命物质：**动物、植物、人体。 **无生命物质：**日月星、水、空气、沙土石、人造物体、环境。 **自然科学现象：**声音、光、冷与热、电、力、磁、化学现象。 **科学技术：**电器等科学技术产品、科学技术与人的关系。
四	课程实施建议	**教学目标建议：**把握具体活动的教学目标与学段目标、课程目标的关系。 **教学资源使用建议：**依据不同班级的幼儿的不同状况，创造性地使用教材。 **教学活动建议：**开展探究式学习，真正支持幼儿的科学学习。

课程标准分别从科学的情感和态度、科学研究过程和方法、科学知识和经验三个方面阐述具体目标。

1.科学的情感与态度

幼儿科学教育旨在启蒙幼儿的科学素养，不应为追求知识和技能的掌握，而忽视幼儿科学情感和态度的培养。必须在科学教育过程中渗透情感教育，注重幼儿科学的情感和态度的培养，以求幼儿的情感与意识的发展，形成完整的人格。

古希腊有位哲人普罗塔哥拉曾说过：“头脑不是要被填满的容器，而是一把需要被点燃的火把。”作为教育者，用自己的火种点燃孩子生命的火花，注入饱满的情

怀,这是时代赋予的责任。

(1)好奇心和探究欲望。幼儿有认识自然现象的兴趣与探究科学真理的欲望,会主动求知。

(2)不怕困难。科学探究还需要有不怕困难、不轻言放弃、坚持探索的品质,这样才能更接近科学的实质。

(3)合作交流。乐于和同伴进行合作交流,互相学习,互相支持并提出合理的建议。

(4)关爱周围世界。环境恶化如此迅速的今天,在科学教育过程中引导幼儿关注周围世界,懂得保护环境、珍惜资源显得尤为重要。

2. 科学研究过程和方法

国外发达国家都非常注重研究过程,重视幼儿在研究过程中的自我建构和体验。尽管幼儿不能像科学家那样精准、严谨地开展科学研究,但是在这个过程中,幼儿能发现问题、提出假设,并用多种方法解决问题。这些都会深深地埋在幼儿心底,为今后幼儿走进科学、热爱科学、探索科学的奥秘打下坚实的基础。

基本的研究方法如下:

(1)观察。观察是一种有计划、有目的、有组织、比较持久的高级知觉过程。观察也是认识事物的基本方式和科学活动的主要形式。如,幼儿观察后,发现影子与光源照射的物体形状有关。

(2)比较。比较是指对两种或两种以上的物体和现象进行比较,找出它们之间的相同点和不同点。比较是人思维过程中的重要环节,通过比较才能区分本质特征和非本质特征,形成更高一级的认识。

(3)猜想。大胆猜想是一种重要的探究方法,能推动幼儿有目的地进行探究。如,幼儿认为弹珠能浮在水面,他会采用各种方法达成目标。

(4)实验。有的探究活动是在控制条件的情况下,反复实验操作才能得到结果。如,探究哪种坡度的斜坡,能使小车最快到达地面。

3. 科学知识和经验

如今的科学教育,渐渐走入谈"科学知识"色变的误区。当幼儿形成错误的科学概念时，教师们畏首畏尾，小心谨慎地盘算着该不该修正，生怕自己走入知识至上的误区。这反而让孩子陷入了科学知识不准确的泥潭。科学是严谨的，对幼儿来说，正确的科学指引尤为重要。

由于幼儿年龄特点和发展水平的不同，即便同样的主题核心点也会出现由表及里、由易到难、由现象到本质的渐进性变化，见表2。

表2　幼儿科学素养渐进性变化

小班	对周边很多的事物和现象感兴趣；经常提问并喜欢摆弄材料；能在老师的支持和鼓励下，尝试分享和表达自己的发现；关爱身边的动植物。	能发现事物的某些显著特征；能用多种感官或动作去探索，并关注动作产生的结果和现象；能用简单的方式记录自己的发现。	认识常见物体、材料和现象以及它们的特性；感知与人的关系。
中班	喜欢接触新事物，探索热情高涨，乐在其中；乐于倾听和表达自己的发现；关爱动植物，能做力所能及的环保活动。	能进行比较观察，发现事物间的不同与相同；能有根据地进行猜测和假设；能掌握一定收集信息的方法；尝试运用一定的方法解决问题，并用不同的、简单易懂的方式进行记录。	能感知事物、现象的变化以及相互之间的影响；感知事物变化后对人的影响。
大班	对自己感兴趣的问题刨根问底，并能寻找到答案；乐于分享和交流自己的探究和发现；尊重生命、保护环境。	能充分调动自己的已有经验进行猜想和假设，尝试按计划进行探究；能搜索和用适宜的方式记录，并在此基础上得出结论。	能感知事物之间多方面的关系，探索发现现象产生的条件和影响因素；感知并理解变化的周期性及与人的关系。

“慧探”科学课程内容包含有生命物质、无生命物质、自然科学现象、科学技术四个领域。从这四个领域中选择适合幼儿学习的主要内容，通过以上课程内容的学习，可以为幼儿科学素养的初步培养和持续发展奠定良好的基础。

“慧探”科学课程实施建议分别从教学目标、教学资源使用、教学活动三个方面提出。这些建议汲取了当代学习理论与教学理论的精华，也是对近年来我国科学

教学经验的凝练与提升。

1. 教学目标建议

培养幼儿的科学素养是科学课程的宗旨。学前阶段的科学教学是为培养幼儿科学素养打基础的，科学教师应将科学素养的培养作为教学设计与实施的最高准则。在确定教学目标时既要关注科学知识，也要关注科学素养的其他成分，注重各方面目标的整合与平衡。

科学素养的形成是长期的过程，只有通过连贯、进阶的科学学习与亲历实践才能达成。科学教师应整体把握课程标准、教材的设计思路，了解课程标准、教材在科学素养培养上的纵向、横向脉络以及与其他学科的横向关联，知道每堂课的教学目标与学段目标、课程目标的关系，正确定位每节课的教学目标。

2. 教学资源使用建议

教学资源包括幼儿活动材料、教学用具和教师教学用书，它们是科学教学的重要资源，为科学活动的设计及实施提供了很大的便利。科学教师要创造性地使用教学资源。不同班级的幼儿存在着差异，教师应据此对教学资源做适切性的处理加工，这是科学教师专业素养的体现，也是科学教师发挥创造力的机会。

同时，也要在过程中收集相关教材的素材，为我们的“慧探”科学课程持续地注入新的、适宜的学习材料。

3. 教学活动建议

为了培养幼儿的科学素养，教师要为幼儿提供多样化的学习机会，如探究的机会，综合运用知识解决真实情境问题的机会，讨论辩论的机会，关心与环境、资源等有关议题的机会等。

例如开展探究式学习，这种符合幼儿天性的学习方式可以激发幼儿学习科学的兴趣，有利于幼儿对科学概念的理解，也是培养幼儿科学探究能力、科学思维能力、科学精神的有效学习方式。

指导幼儿进行探究式学习，应注意以下问题。

(1)重视探究活动的各个要素。科学探究包括提出问题、做出假设、操作记录、得出结论、表达交流等要素。每个要素都会涉及多种科学思维方法。只有让幼儿

有机会充分运用这些思维方法，科学思维才能逐渐形成。要避免程式化、表面化的科学探究。探究的问题可以来自幼儿，也可以来自他人。无论问题来自何方，都必须与幼儿探究能力的水平相符。在时间、空间都有限的课堂上，探究的问题应结构良好、容量合适，对于幼儿科学思维发展更有价值的真实问题也应该占有一席之地，时空的局限可以通过与综合实践活动课程或校本课程的结合等途径加以解决。

（2）处理好探究式学习中幼儿自主和教师指导的关系。探究式学习强调要以幼儿为主体，但这并不意味着教师要放弃指导。从幼儿原生态的发现活动到较严谨的探究性实验设计与操作，都离不开教师的精心指导。为了保证指导的适时有效，教师要对幼儿在探究中出现的问题保持高度的敏感，必要时给予适当的指导。指导要富于启发，最好是在教师的提示下幼儿自己发现问题所在。

（3）不要把探究式学习作为唯一的科学学习方式。科学素养包括多个维度，不同的素养要通过不同的学习活动加以培养，科学教师应尽可能掌握多种科学教学方法和策略。要多采用能激发幼儿兴趣、符合幼儿认知发展规律以及能充分调动幼儿积极性的教学方法和教学策略，使幼儿愿意主动学习。戏剧表演、科学游戏、科学小制作、直接观察等都是科学学习的有效方式。

大班科学活动总览表

探究对象	活动主题
有生命物质	• 探秘动植物 • 我爱秋天
无生命物质	• 土壤的秘密 • 你好,冬天
自然科学现象	• 力的大集合 • 我们爱探究
科学技术	• 飞上天了 • 小工具,大用处

大班上期科学活动

主题一 我爱秋天

主题说明

随着秋季的到来，天气逐渐转凉。气温的下降和树叶的飘落将秋季的季节特征显现了出来，而这些特征非常易于引起孩子的兴趣。根据幼儿兴趣与实际发展需要，结合季节特征，我们开展了"我爱秋天"这个主题教育活动。

图1-1秋天的树有什么不一样

图1-2你发现了什么变化

主题目标

1. 了解蟋蟀、蝗虫等昆虫的基本特征和习性，知道它们都是昆虫。

2. 了解花的多种颜色和形态，知道花是多种多样的。知道有哪些在秋天开放的花，培养幼儿的审美情趣和爱护花草的情感。

3. 探索、发现常绿树与落叶树的不同特征，培养比较观察的能力，了解树的作用，培养幼儿爱护树木的情感。

4. 了解常见的秋天的水果名称及其外形特征，多感官感知柚子的特征。

主题	集中教育活动	区域游戏活动
我爱秋天	活动1:秋天的昆虫	活动1:种子怎么了
	活动2:秋天的菊花	活动2:制作菊花茶
	活动3:秋天的树	活动3:喜讯收集
	活动4:秋天的水果	活动4:丰收大汇展

集中教育活动

活动1:秋天的昆虫

活动目标:

1.愿意观察益虫,保护益虫。

2.了解蟋蟀、蝗虫等昆虫的基本特征和习性。

3.初步理解昆虫和人类的关系。

活动重难点:

了解蟋蟀、蝗虫等昆虫的基本特征和习性。

活动准备:

材料准备:昆虫的视频、介绍昆虫的PPT、蝗灾视频。

活动过程:

一、看一看,激发幼儿探究昆虫的兴趣

播放昆虫的视频,引导幼儿回忆自己都认识哪些昆虫。

教师引导语:视频中的昆虫你都认识哪些呢?谁来说一说。你们想知道这些昆虫的秘密吗?

二、观看PPT,了解昆虫的主要特征和生活习性

1.观察并讨论蟋蟀的外形特征。

教师提问:图上的昆虫叫什么名字？它长什么样子呢？你在什么地方见到过它？它喜欢在什么地方生活？喜欢吃什么？

教师小结:蟋蟀多为黄褐色或黑褐色。身体分为头、胸、腹三部分,有三对足。蟋蟀的后足发达,擅长跳跃,常栖息于砖石下、土穴中、草丛间,喜欢吃菜叶、花瓣、野草等。

2.观察并讨论蝗虫的外形特征。

教师提问:蝗虫长什么样子呢？它在什么地方生活？它吃什么？

教师小结:蝗虫和蟋蟀一样,都是昆虫。蝗虫的身体多为绿色,分为头、胸、腹三部分,有三对足,有翅膀,以小麦、水稻、菜叶为食。

三、提出问题,幼儿讨论并分辨益虫、害虫

1.播放蝗灾视频,引发思考。

教师引导语:看看视频里发生了什么？

教师小结:成群结队的蝗虫经过庄稼后,粮食很快就被吃光了,农民伯伯颗粒无收。

2.讨论谁是害虫和益虫。

教师提问:你知道哪些昆虫是益虫,哪些是害虫？为什么？

教师小结:像蜻蜓、七星瓢虫一样对人类有利的昆虫是益虫。像蝗虫等对人类造成危害的昆虫都是害虫。

3.讨论保护益虫的方法。

教师提问:我们该怎样保护益虫？

教师小结:不捕捉益虫。要注意保护环境,给益虫创造一个好的生存环境。

活动2:秋天的菊花

活动目标:

1.欣赏感受菊花的美,萌发爱护花卉的情感。

2.了解菊花的多种形态。

3. 大胆绘画，表现菊花的形态美。

活动重难点：

了解菊花的多种形态。

活动准备：

材料准备：秋季菊花盛放的视频、介绍菊花外形特征的PPT、水彩笔、画纸。

活动过程：

一、视频导入，激发幼儿的探究欲望

教师引导语：小朋友，今天老师请你们看一个非常好看的动画片，你们高兴吗？

教师提问：你们在动画片里看到了什么花？都是什么样子的？

教师小结：到处都是各种各样的菊花，真美丽。

二、播放PPT，观察菊花的形状、颜色

1. 观察菊花。

教师提问：请仔细观察，菊花是什么样子的？怎样才是有顺序的观察呢？

2. 自由交流。

教师引导语：把你的发现和你的朋友分享一下吧！

3. 师幼小结。

教师小结：我们从下往上观察，会发现菊花有细细长长的茎，花开在茎的顶端，有白色、黄色、红色等各种颜色。菊花的形状各异，小雏菊是小小的、圆圆的花瓣，簇拥在一起；乒乓菊的花瓣细细小小，合在一起像一个圆圆的乒乓球。有的菊花花瓣是卷卷的，从内到外有好几层呢！

三、大胆绘画，加深对菊花的印象

教师引导语：今天欣赏了这么多美丽的菊花，我们也来大胆画下你最喜欢的一种菊花吧！

教师提问：你最喜欢谁画的菊花？为什么？美在哪里？

活动3:秋天的树

活动目标:

1.有探索常绿树与落叶树树叶的兴趣。

2.能区分几种常绿树与落叶树的树叶。

3.初步了解常绿树、落叶树的主要特征。

活动重难点:

初步了解常绿树、落叶树的主要特征。

活动准备:

1.材料准备:树叶飘落的视频;幼儿收集的常绿树和落叶树的树叶若干;记录表、记号笔;常绿树和落叶树树叶的图片若干、树干图。

2.经验准备:观察了解自己身边的树及秋天里树的变化。

活动过程:

一、提出问题,发现秋天树木的不同

1.幼儿观看视频,观察树木的变化。

教师提问:秋天到了,秋风吹呀吹,猜猜树木会发生什么变化呢?我们一起来看看吧。

2.教师提出问题,启发幼儿思考。

教师提问:为什么会发生变化呢?这些树木的树叶一样吗?哪里不一样呢?

二、操作探索,多感官认识并区分常绿树与落叶树的树叶

1.引导幼儿认识记录表。

教师出示记录表,向幼儿介绍记录表的使用方法。

教师提问:今天我们要把树叶的秘密画下来,你能看懂这张记录表吗?

教师小结:原来记录表告诉我们,除了可以用眼睛观察叶子外,还能用鼻子闻一闻,用小手揉一揉。

2.多感官探索树叶的不同特征。

请幼儿拿出收集的落叶树、常绿树的树叶，对比观察探索并做好记录。

教师提问：你手里的两片树叶有什么不同的地方？请你用看一看、揉一揉、闻一闻的方法去试一试，看看究竟有什么不同。

看一看。幼儿用肉眼仔细观察对比两片树叶的外形特征。使用放大镜观察对比两片树叶的表面特征。

揉一揉。幼儿尝试动手揉一揉树叶，发现不同。

闻一闻。幼儿用鼻子闻一闻树叶，发现树叶的不同味道。

3.分享交流，初步得出结论。

与同伴分享讨论自己的记录表，发现常绿树与落叶树树叶的区别。

教师提问：谁来说说，你发现了树叶的什么秘密？

教师把幼儿的发现进行归纳总结。

教师小结：你们刚才观察到的皱巴巴的、没有水分、黄色的叶子，是落叶树的树叶。到了秋天，它们会慢慢落下来；那些光滑的、有水分的、绿色的是常绿树的叶子。

三、巩固运用，进一步认识常见的落叶树与常绿树的树叶

1.出示常见的常绿树与落叶树树叶的图片，巩固认识。

教师提问：你知道这些树叶哪些属于常绿树的，哪些属于落叶树呢？

教师小结：松树树叶、橘子树树叶、万年青树叶、香樟树树叶是常绿树树叶；银杏树叶、柳树树叶、枫树树叶、梧桐树树叶是落叶树树叶。

2.尝试把常绿树树叶与落叶树树叶进行分类。

(1)幼儿自主操作，将以上树的树叶贴纸贴在相应的树干图中。

教师提问：你能帮助树叶找到它的家吗？

(2)交流分享。

幼儿分享，教师利用树干挂图展示分类结果。

教师小结：松树、橘子树、万年青、香樟树的叶子应该放在常绿树的家；银杏、柳树、枫树、梧桐树的树叶应该放在落叶树的家。

活动4:秋天的水果

活动目标:

1.乐于参与活动,喜欢秋天的水果。

2.了解多种秋天的水果的名称及外形特征。

3.感知柚子独特的味道。

活动重难点:

了解多种秋天水果的名称及外形特征。

活动准备:

材料准备:三种秋季当季水果(如柿子、柚子、石榴),水果篮。

活动过程:

一、幼儿猜测水果的名称

逐一以不同形式出示水果,如露出水果部分、描述水果外形等方式让幼儿猜测。

教师引导语:今天我给小朋友带来了三种秋天的水果,听一听,看一看,会是什么水果呢?

二、多感官感知水果的特征

1.教师将不同水果快速放回水果篮,幼儿迅速说出相应的水果名称。

教师提问:水果要回家了,看看是谁回家了呀? 这是什么水果,是什么形状的,什么颜色的,什么味道的?

2.出示柚子,激发幼儿探究欲望。

教师提问:咦? 这是什么水果呢?

3.看一看、摸一摸、闻一闻、尝一尝,感知水果的特征。

教师提问:柚子(柿子、石榴)是什么样子的? 摸一摸,有什么感觉? 猜猜里面是什么样子的? 柚子是什么味道的? 柚子吃了有什么好处呢?

三、开展游戏,通过找柚子加深对柚子的认识

区域游戏活动

活动1:种子怎么了

活动目标:

1.了解种子在浸泡后,颜色、硬度、大小、出芽等方面会发生变化。

2.通过对比观察,能比较全面地发现种子的变化。

3.感受生命的神奇,能愉快地表达自己的发现。

活动准备:

材料准备:玉米、稻米、花生、白豆4种种子若干,以上4种种子需浸泡水中超过24小时。

活动过程:

1.参观"种子博览会"。

引导幼儿通过看一看、摸一摸、掰一掰等不同方法,多感官参与观察,并尝试表达。

教师提问:这些种子你认识吗?大胆动手,去和种子宝宝玩一玩吧!

2.种子怎么了?

引导幼儿通过看一看、摸一摸、闻一闻、掰一掰等方法,对比观察发现种子浸泡前后的变化。

教师提问:种子有了哪些变化呢?它们变成什么样子了?为什么会有这样变化?

教师小结:种子浸泡后,颜色变淡了,身体变软了,体积变大了,有的还长出了小小的芽儿。太神奇了,新的生命诞生啦!

活动2:制作菊花茶

活动目标:

1.知道菊花可以食用。

2.能与同伴合作,共同制作和游戏。

活动准备:

1.材料准备:各色胶泥。

2.经验准备:有和家人喝菊花茶的经历。

活动过程:

1.幼儿自由创作。

运用各色胶泥捏出菊花模型。

2.教师带领幼儿装扮“菊花茶专柜”。

3.玩一玩。

教师分配店家和顾客的角色进行自主游戏。

4.赏一赏。

欣赏古诗《静夜思》。

活动3:喜讯收集

活动目标:

1.能主动收集有关秋天喜讯的资料,有积极参与科学活动的兴趣。

2.能主动交流自己的感受和发现,获得愉悦的情感体验。

活动准备:

材料准备:秋天丰收的图片。

活动过程:

1.采集“秋天”。

家长和幼儿一起在生活中发现并收集富有秋季特点的喜讯。

2.整理“喜讯”。

家长和幼儿一起整理采集的资料(如:采摘的实物、照片、图画、视频等),说说自己的观察和发现。

3.分享“喜讯”。

家长和幼儿互相交流采集“秋天”的感受。

活动4:丰收大汇展

活动目标:

1.感知秋季是丰收的季节,体验丰收的喜悦之情。

2.能按自己确定的类别进行分类。

活动准备:

材料准备:秋季蔬菜图片若干、秋季丰收的图片若干。

活动过程:

1.展出秋季丰收的图片。

引导幼儿仔细观察它们的特征并记录下来。

2.鼓励幼儿积极操作探索,按一定的特征分类。

关注动作缓慢的幼儿,适时予以指导。

3.庆丰收,喝“丰收汤”。

幼儿在教师的引导下,选择自己喜欢吃的秋季蔬菜,做成“丰收汤”集体品尝,体验丰收的喜悦之情。

主题二 我们爱探究

 主题说明

对幼儿进行早期的科学熏陶以及科学兴趣的培养，是幼儿园教育必不可少的内容。我们可以通过有效创设，来让大班孩子爱上探究，成为探究的主人。本次主题根据大班幼儿的年龄特点，开展了声音、影子、陀螺、沉浮等一系列活动，让幼儿去体验、感受科学的魅力。

图2-1 这种声音是什么发出来的呢

图2-2 看看我的影子像什么

 主题目标

1. 通过对生活中影子现象的回顾，丰富对影子的认识，积极寻找让影子发生变化的方法，并能用语言进行描述。

2. 知道不同的物体在水中沉浮的状态不同。动手探索，在实验中初步发现影响物体沉浮的因素，大胆创新，尝试用不同的方法改变物体沉浮的状态。

3.体验旋转陀螺的乐趣,感知陀螺旋转时的奇妙。探索发现陀螺旋转时色彩的变化,能创新地制造陀螺面。

4.知道声音产生的原因,对身边的声音现象感兴趣,乐于关注周围易发声的事物。能区分乐音和噪音,并有保护耳朵的意识。

主题	集中教育活动	区域游戏活动
我们爱探究	活动1:影子真有趣	活动1:有趣的影子
	活动2:有趣的沉浮	活动2:沉的浮起来
	活动3:彩色的陀螺	活动3:镜子迷宫
	活动4:声音的秘密	活动4:传声筒

集中教育活动

活动1:影子真有趣

活动目标:

1.对影子的各种变化有探究的欲望,并能体验探究的乐趣。

2.积极寻找让影子发生变化的方法,并能用语言进行描述。

3.知道移动光源或物体,影子就会发生相应的变化。

活动重难点:了解让影子发生变化的方法并用能用语言进行描述。

活动准备:

1.材料准备:皮影戏高清视频资料;手电筒、玩具(高度5~7cm左右,幼儿自备)。

2.经验准备:知道影子产生必须要有两个条件——光和不透明的物体。

活动过程：

一、魔术导入，激发幼儿探索影子的兴趣

教师拉上班级的窗帘，利用手电筒或班级投影仪，做手影魔术。

教师提问：影子会变吗？影子会怎么变？

教师提问：现在我们接着变魔术（教师变化手势，模仿不同的动物）。看看影子有什么变化。

教师小结：影子会发生变化。遮挡光的物体变了，影子就会跟着变。

二、闯关游戏，自主探索影子变化的方法

1.第一关："影子变大小"，初步感受改变影子大小变化的方法。

（1）投放材料（玩具、手电筒），老师讲解闯关内容。

教师提问：下面进入第一关"影子变大小"。请你们思考如何让同一个布娃娃的影子发生变化呢。

（2）幼儿自主探索。

老师纵观全局，观察全体幼儿的探索情况。幼儿分享自己的发现时，老师应及时地给予表扬。当幼儿注意力不集中时，老师应及时提醒和引导。

（3）集体交流讨论。

教师提问：谁来说一说，怎样让同一个玩具出现两个大小不同的影子？

教师小结：光近一点，影子就大；光远一点，影子就小。

2.第二关："影子变方向"，进一步验证让影子变换方向的方法。

（1）老师讲解闯关内容。

教师提问：想一想，试一试，怎样让玩具的影子变换方向呢？

（2）自由分组，幼儿自主闯关。

幼儿两两分组，自主探究，老师观察全体幼儿的探索情况。

（3）集体交流讨论。

教师提问：谁来说一说，你是怎样让影子变换方向的？

教师小结：光的方向变了，影子的方向也变了。物体位置变化也可以让影子发生变化。

三、趣玩皮影,体验影子变化带来的快乐

1.播放皮影戏视频,激发幼儿想玩皮影戏的兴趣。

教师引导语:今天你们每个人都是爱动脑筋、观察仔细的小科学家,发现了移动光源或者物体,影子就会发生各种变化。现在你知道了玩具可以变出影子,那你知道在中国传统文化里,是用什么来变出影子表演戏剧吗?对,就是皮影戏!皮影戏里有各种皮影人偶,让皮影人偶变出的影子做出一连串的动作,就形成了精彩绝伦的皮影戏。现在就让我们一起来欣赏吧!

2.课程延展,趣玩影子。

教师引导语:看了精彩的皮影戏,你一定也想玩一玩影子游戏吧!请你回家和爸爸妈妈一起,用手和剪纸扮演不同角色,表演一个精彩的故事吧!

活动2:有趣的沉浮

活动目标:

1.对物体的沉浮现象感兴趣,获得改变物体沉浮现象的成就感。

2.观察沉浮现象,初步了解比较、推理等思维方法。

3.了解改变物体沉浮的基本方法。

活动重难点:

动手操作,知道改变物体形状或借助辅助材料能改变物体的沉浮。

活动准备:

1.材料准备:沉浮教学PPT、教师记录表、纸船、沉浮材料(木块、玻璃球、铁珠、泡沫板、雪花片、橡皮泥、吸管、透明塑料盖、石子、锡箔纸);红色筐和蓝色筐各一个、装有水的大盆子。

2.经验准备:知道有些材料在水里会浮起来,有些会沉下去。

活动过程：

一、投放材料，猜想各种材料的沉浮情况

出示各种沉浮材料，引导幼儿猜想材料沉与浮的情况。

教师提问：这里有好多好多的材料，如果把它们放进水里，会怎么样呢？

教师小结：有的会浮起来，有的会沉下去。

二、实践操作，初步感知物体的沉与浮

1.操作体验，感知物体在水中的沉浮现象并按沉浮分类。

将材料依次放入水盆中，并将沉下去的材料放入蓝色筐，浮起来的材料放入红色筐。

教师提问：请你把这些材料放入水中，看看哪些是沉下去的，哪些是浮起来的？将沉下去的放入蓝色筐里，浮起来的放入红色筐里。

2.分享总结，将实验结果全部记录在教师记录表中。

出示教师记录表，引导幼儿认识记录表，并进行集体记录。

教师提问：哪些材料是沉下去的，哪些是浮起来的？该怎么记录呢？用什么符号表示浮起来？用什么符号表示沉下去？

教师小结：木块、雪花片、泡沫、吸管、透明塑料盖等材料会浮起来，玻璃珠、铁珠、橡皮泥、小石块等材料会沉下去，可以用上、下箭头分别表示沉浮。锡箔纸如果打开就会浮在水面上，捏成团就会沉下去。

三、深入探究，尝试改变物体在水中的沉浮状态

1.提出问题，幼儿思考如何改变物体沉浮状态。

教师提问：刚刚这些材料可以像锡箔纸一样，既可以浮起来又可以沉下去吗？沉浮状态可以改变吗？你能让沉下去的材料浮起来，浮起来的沉下去吗？

2.再次实践，尝试改变物体原本的沉浮状态。

幼儿再次将沉浮材料放入水中，通过借助辅助材料或改变物体形状等方法改变物体原本的沉浮状态。

教师小结：纸船原来可以浮在水面上，当把纸船拆开变成一张纸的时候又沉了下去。

教师提问:还有哪些材料是可以通过和其他材料组合或改变它原本形状等方法来改变沉浮状态的呢?请你试一试!

3.交流分享,并将实验结果记录在教师记录表中。

出示教师记录表,提出问题,并将结果用符号记录下来。

教师提问:你是怎么做的?原本沉下去的材料是怎样浮起来的?浮起来的是怎样沉下去的呢?

教师小结:雪花片两头插在吸管上可以浮起来;小石子放在泡沫上,小石子能浮起来;改变橡皮泥的形状,可以让它沉或浮……原来物体沉浮的状态不是一直不变的,我们可以通过借助其他材料或是改变物体形状两个方法,让物体的沉浮状态改变。

四、延伸拓展,感知沉与浮在生活中的运用

出示生活中沉浮教学PPT,感知生活中的沉浮现象。

教师提问:改变物体的沉与浮还可以用在什么地方呢?

教师小结:潜水艇既可以沉在水里,也可以浮在水面上;不会游泳的人,会沉下去,可是有了救生圈,他就能浮起来;铁很重,会沉下去,可是做成轮船就会浮起来……沉浮现象与我们的生产、生活密不可分。

教师小结:生活中还有哪些沉浮现象呢?我们和爸爸妈妈一起去找找吧!注意保护自己,不要独自靠近池塘、水库、河流等地方。

活动3:彩色的陀螺

活动目标:

1.体验陀螺旋转的乐趣,感知陀螺旋转时的奇妙。

2.探索发现陀螺旋转时色彩的变化。

3.能创新地设计陀螺面。

活动重难点:

探索发现陀螺旋转时色彩的变化。

活动准备:

1.材料准备:不同类型的陀螺若干;圆心打孔的陀螺面、陀螺轴;彩笔。

2.经验准备:了解陀螺旋转时陀螺面上点和线的变化。

活动过程:

一、欣赏彩色陀螺

1.出示陀螺,激发幼儿的探究兴趣。

教师提问:小朋友,今天老师给你们带来了一个玩具,你们看这是什么?

2.自由玩陀螺,感受陀螺旋转时色彩的变化。

教师出示半圆形和同心圆双色陀螺。

教师提问:仔细观察陀螺上的图案和颜色,当陀螺旋转起来后,会发生什么变化呢?

二、探究陀螺变色的秘密

1.师幼讨论,陀螺变色的秘密。

教师提问:刚刚玩了这两种陀螺,你发现了什么现象?

教师提问:为什么有的陀螺颜色会变,有的不会?

教师小结:半圆形的陀螺会有颜色的交替,在旋转时颜色就像混合在一起了,所以颜色会发生变化,而同心圆陀螺没有颜色的交替,颜色不会发生变化。

2.探究陀螺旋转快慢对颜色变化的影响。

教师提问:你们仔细看看,同样都是半圆形的陀螺,它们转起来有什么区别?

教师小结:旋转快时,陀螺颜色更易发生变化,旋转慢时,陀螺颜色不易发生变化。

3.幼儿玩陀螺,感受半圆形和扇形陀螺转起来时颜色的区别。

教师提问:这里还有一种陀螺,它的颜色会发生变化吗?它和半圆形的陀螺旋转起来颜色有什么不一样?

幼儿对比玩耍两种陀螺。

教师小结:扇形陀螺颜色更易混合,颜色混合更均匀,色块更多、更易混合。

三、设计独特的陀螺

1.幼儿自由绘画设计独特的陀螺。

教师提问:你们愿意设计漂亮的陀螺吗?你会怎么设计?

教师巡回指导,要求幼儿涂色均匀、颜色鲜艳。

2.幼儿制作完成后,相互自由玩耍陀螺。

3.展示个别陀螺,引导幼儿欣赏。

教师提问:我们来看看,这个陀螺转起来和你们的有什么不一样?

活动4:声音的秘密

活动目标:

1.乐于关注周围易发声的物体。

2.知道声音产生的原因,对身边的发声现象感兴趣。

3.能区分非噪声和噪声,并有保护耳朵的意识。

活动重难点:

知道产生声音的原因,对身边的声音现象感兴趣。

活动准备:

材料准备:鼓、三角铁、豆粒,噪音和乐音两段音频。

活动过程:

一、演示实验,发现震动产生声音

教师演示实验,幼儿观察实验现象,发现声音的产生是因为震动。

1.将豆粒放在鼓面上,然后敲鼓,观察有什么现象发生。

2.敲三角铁,然后触摸三角铁,有什么感觉。

教师小结:声音是因为震动而产生的,如果停止物体振动声音就会消失。

二、合作实验,感知声音的传播

1.两人游戏,一人在桌子或椅子下面敲击,另一人将耳朵贴在桌面或椅面。

教师小结：声音可以在物体里传播。

2.播放音乐，教师提问：能不能听到声音，为什么？

教师小结：声音可以在空气中传播。

3.幼儿分组站在活动室四周，教师在活动室中间说话，幼儿进一步感知声音传播。

4.视频演示，小结声音的三种传播方式。

教师提问：你发现声音的三种传播方式了吗？

教师小结：声音可以在固体、液体、空气里传播。

三、播放音频，分辨乐音和噪声

1.分别播放歌曲和噪声，幼儿分辨好听和难听的声音。

教师提问：哪段声音好听？哪段声音难听？为什么？听起来什么感觉？

教师小结：物体可以发出和谐悦耳的声音，叫乐音；物体发出来的声音很刺耳，让人听了很不舒服，叫作噪声。

2.讨论如何消除噪声，保护耳朵。

教师提问：噪声会让我们的耳朵不舒服，该怎样消除噪声呢？如果没办法消除该怎么保护耳朵呢？

教师小结：说话轻点儿，做事轻点儿，不打扰别人，不制造噪声。如果遇到施工，可以用手捂住耳朵或用带耳塞、关窗户等方法。

区域游戏活动

活动1：有趣的影子

活动目标：

1.感受影子现象的有趣，有探索的欲望。

2.通过观察操作，获取有关影子形成、变化的初步经验。

3.大胆想象，与同伴合作创作手影游戏。

活动准备:

材料准备:手电筒人手1把。

活动过程:

1.教师在黑暗的教室里,用手电筒表演手影游戏,引出主题。

教师提问:小朋友们在墙上看到了什么?

2.教师提问:今天请你们来玩手影游戏,想一想,需要些什么材料呢? 环境需要怎样布置?

3.幼儿讨论,取放教师事先准备好的材料。

4.幼儿尝试用自己的手电筒玩手影游戏。

活动2:沉的浮起来

活动目标:

1.通过实验操作,知道采用一些简单的办法,可以让弹珠浮在水面。

2.能通过持续的探究,找到解决问题的办法。

活动准备:

材料准备:水盆两个,毛巾若干,弹珠、塑料片、毛根、树叶、塑料瓶、石头、纸船、泡沫等。

活动过程:

1.玩一玩、做一做。

引导幼儿大胆选择材料,让弹珠浮起来。

教师提问:玻璃珠也想浮在水面上晒太阳,哪些材料能够帮助它呢?

2.记一记、说一说。

教师提问:你发现了什么? 哪些材料,会帮助弹珠浮起来? 你是怎么做到的? 和你朋友分享一下这个有趣的发现吧!

活动3:镜子迷宫

活动目标:

1.喜欢参加具有挑战性的活动。

2.能够运用身体姿势表现镜像现象。

3.能够和同伴合作探索进行学习。

活动准备:

环境准备:事先寻找有一面大镜子的房间。

活动过程:

1.教师带领幼儿到有一面大镜子的房间,引导幼儿观察自己的五官,然后动动五官,比较自己五官和镜子里五官方向的不同。

2.引导幼儿变换自己手的动作,观察镜子里的手臂变化。将身体放在镜子前,引导幼儿观察镜子里面的身体和实际身体的左右方向有什么变化。

3.幼儿相互探讨镜子里和实际动作变化的不同。

活动4:传声筒

活动目标:

1.通过操作,感知空心的传声筒能传出清晰、响亮的声音。

2.通过游戏,激发幼儿的求知欲、好奇心,喜欢玩科学小游戏。

3.学习与同伴协作活动,增进同伴间的感情。

活动准备:

材料准备:一次性纸杯若干、棉线、剪刀、火柴棒、针。

活动过程:

1.将两个纸杯底部用针或者其他工具打个小孔,保证棉线能穿过去,孔不能太大。

2. 棉线的两端分别从杯底穿到杯子内部，然后打结，也可以将结打在一段火柴棒上以防止线脱落。

3. 两个人用纸杯一个讲话，一个听。

主题三 飞上天了

主题说明

幼儿对天空中的未知世界总是怀有强烈的好奇心，本次主题从大班幼儿的经验和生活出发，开展飞起来、落下去等一系列有趣的活动，帮助幼儿感受民间艺术魅力，了解飞机的发展历程，认识会飞的种子，探索降落伞的特性等。

图3-1 我制作的飞机模型

图3-2 转起来了

主题目标

1. 了解风筝的起源及其发展过程。能大胆地在同伴面前表达自己的情感。感受我国民间艺术的魅力，增强民族自豪感。

2. 了解飞机的发展历程。认识飞机的外形特征及简单结构，并知道飞机的种类以及用途。激发幼儿探索事物的兴趣,培养幼儿的创造力、想象力。

3.认识"会飞的"种子,知道种子飞起来是一种特殊的传播方式。乐于观察,对大自然中的植物感兴趣。

4.有探索降落伞的兴趣和欲望,知道降落伞的制作方法,了解降落伞的作用,大胆操作,依据各种材料探索制作降落伞。

主题	集中教育活动	区域游戏活动
飞上天了	活动1:你了解风筝吗	活动1:太空之旅
	活动2:飞机,飞机	活动2:上升的热空气
	活动3:种子去旅行	活动3:制作气球直升机
	活动4:降落伞大制作	活动4:好玩的降落伞

集中教育活动

活动1:你了解风筝吗

活动目标:

1.感受我国民间艺术中蕴含的科学知识,增强民族自豪感。

2.初步了解风筝的起源。

3.能大胆地在同伴面前表述自己的想法。

活动重难点:

了解风筝的起源及其发展过程。

活动准备:

1.材料准备:各种风筝图、古时候小朋友放风筝的动画视频。

2.环境准备:把家长与幼儿提前制作或收集的风筝收集起来,并将教室布置成风筝展。

活动过程：

一、浏览风筝展，幼儿介绍自己制作的风筝

教师引导语：孩子们，欢迎来到大班风筝展。这是我们小朋友和父母一起收集的风筝，我们一起来看一看。

教师提问：你最喜欢谁的风筝，为什么？

二、播放图片，了解风筝的起源

1.展示风筝图。

教师引导语：接下来，我们就一起认识一下各种各样的风筝。

教师提问：这是什么样的风筝？

教师小结：燕子风筝是很久很久以前就流行在中国的一种风筝。风筝诞生在我们中国，最初是用竹篾、纸或者绢等材料做成的。

2.播放视频。

教师提问：你看到了什么？放风筝人多吗？

教师小结：在古代，放风筝是人们喜爱的一种户外活动。

三、欣赏风筝的美

图一：最小的风筝。

教师提问：看见风筝在哪儿了吗？这是世界上最小的风筝，只有零点几厘米长，比我们平时用的硬币还要小。

图二：鱼形风筝。

教师提问：这是一只什么风筝？

教师小结：这是一只有着美好寓意的风筝。彩虹色的鱼在我们中国代表着吉祥、富裕。人们把对生活的美好愿望体现在风筝上，是希望年年有余，日子过得丰富多彩，一天更比一天好。

教师提问：你们知道世界上最长的风筝是谁做出来的吗？

教师小结：是咱们中国人制造的，我为自己是一名中国人而感到骄傲和自豪！

三、了解风筝的用处

教师引导语:现在风筝的样式可真多。春天到了,人们便聚集在一起举办风筝节,举行放风筝比赛。

教师提问:为什么大家这么喜欢风筝?

教师小结:风筝很美,可以装饰环境;放风筝可以给我们带来快乐,风筝还可以帮我们传递信息,放飞心愿。

活动2:飞机,飞机

活动目标:

1.幼儿认识和探究飞机的兴趣得到激发。

2.进一步认识飞机的外形特征及简单结构,并知道飞机的种类以及用途。

3.了解飞机的发展历程。

活动重难点:

进一步认识飞机的外形特征及简单结构,并知道飞机的种类以及用途。

活动准备:

材料准备:飞机模型、飞机图片、飞机PPT、白纸。

活动过程:

一、出示飞机模型,激发幼儿兴趣

教师引导语:呜……我来了,翅膀抖一抖,飞上蓝天去,飞过黄河,飞过长江,转进云彩里。小朋友长大想不想开飞机?那今天老师就和小朋友先来认识一下飞机吧!

二、播放PPT,认识飞机并了解飞机的发展历程

1.出示飞机图片,认识飞机。

教师提问:飞机主要是由哪儿部分组成的?飞机各部分的主要功能是什么?

2.播放PPT,引导幼儿了解飞机的发展史。

教师引导语:在很久很久以前,人们看到小鸟在蓝天自由自在地飞翔,就动脑动手做了很多能飞起来的东西，比如风筝。后来我们又陆续制造了滑翔机、载人飞机、喷气式飞机、直升机、民航机等各种飞机。

三、展示各种飞机图片，了解各种各样的飞机

1.播放图片，认识各种飞机。

教师提问：小朋友们都见过什么样的飞机呢？

2.各类飞机介绍。

(1)军事飞机：是军事作战的专用飞机，它有武器和导弹装置，是在空中阻击敌人的有力武器。

(2)农用飞机：它装有喷射装置，在有病虫害的农作物上空低空飞行，喷洒杀虫剂，杀死害虫。

(3)水上飞机：负责海洋巡逻和海上救援。

(4)滑翔飞机：主要让人们享受滑翔的乐趣。

(5)直升机：适合用来营救或应对各种紧急情况，它可以在人们遇到危险时悬停在空中，营救受难的人们。直升飞机不需要专门的飞机场，可以在任何地方停降。

四、教师与幼儿一起折一架小飞机

幼儿拿着自己折的飞机到户外玩耍。

五、活动延伸

父母可以在合适的时机带着孩子观察飞机。

活动3：种子去旅行

活动目标：

1.乐于观察，对春天的植物感兴趣。

2.认识“会飞的”种子，知道种子飞起来是种特殊的传播方式。

3.能大胆讨论种子的传播方式。

活动重难点：

认识会飞的种子，知道种子飞起来是种特殊的传播方式。

活动准备：

材料准备：木棉花、芦苇、柳絮、蒲公英图片；儿歌《蒲公英》。

活动过程：

一、儿歌导入，了解蒲公英的传播方式

1. 儿歌导入，激发兴趣。

儿歌：一个小球毛茸茸，好像棉絮好像绒，对它轻轻吹口气，许多伞兵飞上天。小伞兵啊小伞兵，飞到西来飞到东。待到明年春三月，路旁开满蒲公英！

教师提问：你知道蒲公英吗？为什么说它有许多伞兵？

2. 蒲公英种子的传播方式。

教师小结：蒲公英的种子是由很多的小白伞组成的小圆球，风儿轻轻一吹，它们就像一个个伞兵从飞机上降落了一样，随处飘扬。蒲公英的种子是靠风传播的，风越小，种子飞得越近。风越大，种子飞得越远。

二、播放图片，了解大自然中其他"会飞的"种子

1. 播放木棉花的图片，幼儿观察讨论。

教师提问：这是什么？它有哪些特点，你们在生活中有没有见过这种植物？

教师小结：这种植物叫木棉花，主要生长在广东，是广州市的市花，它的种子也是通过风进行传播的。

2. 播放柳絮的图片，幼儿观察讨论。

教师提问：大家认识这种植物吗？柳絮长在什么地方？大概在什么季节柳絮会漫天飞舞呢？

教师小结：柳絮是柳树种子上附生的茸毛。它们一般在每年三四月份时漫天飞舞，进行种子的传播。

3. 仔细观察芦苇的图片，引导幼儿知道芦苇的种子也是靠风来传播。

教师提问：请小朋友们开动脑筋，想想芦苇像什么。

教师小结:芦苇也是靠风传播的。

三、师生讨论,总结种子的传播方式

教师小结:在我们的生活中,有各种各样的植物,它们的种子靠不同的方式在传播,而种子“飞行”是一种特别的传播方式,不断延续着它们的生命。

活动4:降落伞大制作

活动目标:

1.幼儿有探索降落伞的兴趣和欲望。

2.知道降落伞的制作方法,了解降落伞的作用。

3.大胆操作,依据各种材料探索制作降落伞。

活动重难点:

知道降落伞的制作方法,了解降落伞的作用。

活动准备:

材料准备:彩色胶纸、打孔机、棉线、木夹、塑料薄膜、手帕、步骤图。

活动过程:

一、猜一猜,激发制作降落伞的兴趣

示范降落伞的玩法,激发幼儿制作降落伞的兴趣。

将一把合着的伞和一把撑开的伞从同一高度同时抛下(伞柄朝下),幼儿猜测哪把先落地。

教师提问:哪一把伞后落地呢? 为什么?

教师小结:撑开的伞后落地,因为有空气支撑它。

二、试一试,幼儿制作降落伞

1.教师提示幼儿按照步骤进行制作。

先剪下一块正方形的彩色胶纸,然后在四个角上剪好洞(可以使用打孔机)。再在四个洞上分别系上四根棉线。最后把棉线的另一端系在小纸盒上。

教师提问:你能看懂这些步骤图吗?哪张是第一个做的?这个剪刀是什么意思?

2.讨论制作过程,总结经验。

教师提问:你是怎么做的?你遇到了什么困难?谁能帮帮他?

三、玩一玩,感受降落伞的作用

分小组让大家站在高度相同的地方(如滑梯上),将制作的降落伞拿在手上后同时松开,观察比较它们降落速度的不同,在只有一种条件不同而其他条件都相同的情况下进行比较。

1.降落伞对下落物体速度的影响。

取同一重量的两个木夹,一个夹在降落伞的伞绳下,一个不夹任何东西,然后让它们从同一高度同时落下。

教师提问:谁先落下呢?为什么?

教师小结:原来有了降落伞,就可以慢慢往下落了。

2.轻重对降落伞下落速度的影响。

伞衣的材料大小一样,其中一个夹着夹子,让幼儿在同一高度同时放下,这时教师可介绍有关降落伞的知识。

教师提问:谁先落下呢?为什么?

教师小结:越轻落下得越慢。

3.伞衣大小对降落伞下落速度的影响。

使用同种材料制成的伞衣和衣夹,但伞衣的大小不一,把这两个降落伞在同一高度放下。

教师提问:谁先落下呢?为什么?

教师小结:伞衣越大落下越慢。

4.伞衣材料对降落伞下落速度的影响。

伞衣的大小、伞绳、夹子都相同,但伞衣的材料不同,一个是塑料薄膜,一个是手帕,让幼儿从同一高度同时放下。

教师提问:谁先落下呢?为什么?

教师小结:落下的速度和伞衣的材料也有关。

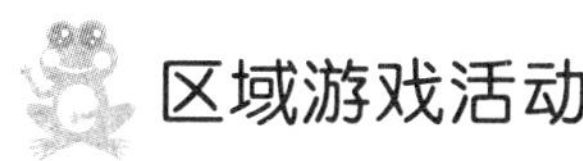

区域游戏活动

活动1:太空之旅

活动目标:

1.加深幼儿对宇宙里各种星球的认识,了解气象卫星、通信卫星及其用途。

2.感受祖国航天事业的发展成就,萌发爱科学的情感。

活动准备:

材料准备:教师与幼儿共同收集各种天体的实物模型或图片,包括地球仪、太空行星、载人航天飞机(杨利伟与神舟五号、神舟七号、神舟十号)的图片,将教室布置成“神秘的太空”。

活动过程:

1.通过对神舟五号的了解,引出谈论的话题“太空之旅”。

2.带领幼儿参观“神秘的太空”。

3.观察图片,帮助幼儿了解地球是太空中的一颗行星。

4.激发幼儿从小热爱科学的情感,萌发发明创造的欲望。

活动2:上升的热空气

活动目标:

1.探索发现热空气上升、冷空气下降的科学现象。

2.能仔细观察、记录并与同伴交流自己的发现。

活动准备:

材料准备:小杯子内倒入彩色热水并用塑料薄膜封住杯口,宽口的大玻璃杯,无色冷水,筷子或小刀,自制实验步骤图。

活动过程：

1.幼儿观察实验步骤图、实验材料。

提醒幼儿仔细观察彩色热水和无色冷水的变化过程。

2.幼儿实验，并记录自己的发现。

3.归纳讨论，拓展经验。

活动3：制作气球直升机

活动目标：

1.认识气球直升机及其构造。

2.培养幼儿的观察以及动手操作能力。

活动准备：

材料准备：气球、气嘴、接口、螺旋桨。

活动过程：

1.认识气球、气嘴、接口、螺旋桨。

2.将螺旋桨和接口接在一起，并把气球套在气嘴上。

3.把气球吹大用手捏住气球封口，不要让气体流出。

4.用手捏住气球把气嘴和装上螺旋桨的接口相连接。

5.捏住气球直升机放至与视线平行放开手让它飞行。

6.用手捏住气球和接口相连接时，不要让气球内的气体漏出，以免影响气球直升机飞行的效果。

活动4：好玩的降落伞

活动目标：

1.了解降落伞的基本外形特征，学习自主选择材料制作降落伞。

2.大胆探索、思考影响降落伞平稳度和降落速度的因素。

3.喜欢科学小制作,充分体验制作带来的乐趣。

活动准备:

材料准备:各种降落伞图片、布、毛线、玩具小伞兵、撕剪好的透明胶、胶布切割器、塑料袋、亮光纸。

活动过程:

1.观察各种降落伞的图片,观察降落伞的基本外形特征及用途。

2.制作降落伞。

3.探索影响降落伞平稳降落的因素。

4.幼儿交流讨论,教师根据幼儿制作的情况总结制作的关键点。

主题四　你好，冬天

主题说明

临近学期末，天气开始变冷了，人们、动物、植物都发生了变化，本次主题引导幼儿去发现和感知周围温度变冷带来的变化，通过各种形式去了解冬天，认识生态环境，产生保护生态环境的意识。

图4-1 重庆的冬天

图4-2 冬天欢乐多

主题目标

1.了解一年有四个季节及四季的特征与交替规律。愿意用说、画图等方式描述自己对四季的经验和感受。

2.通过统计、比较等，梳理出冬天的基本特征，初步形成四季的概念。用完整、连贯的语言与同伴、教师交流并分享各自对季节的感性经验。

3. 了解灾害天气对人们生活和健康的影响，引导幼儿关注人类共有的生存环境——地球，使幼儿懂得保护环境的重要性，树立环保意识。

4. 认识我们常用的取暖用具，了解冬季的取暖方式。知道取暖用具的使用方法，懂得安全取暖。

主题	集中教育活动	区域游戏活动
你好，冬天	活动1：四季的变化	活动1：冬天里的树妈妈
	活动2：重庆的冬天	活动2：冬天来了怎么办
	活动3：雾霾天气	活动3：冬季动物棋
	活动4：小动物过冬	活动4：夏季植物种子冬季种植

集中教育活动

活动1：四季的变化

活动目标：

1. 产生关注自然的情感。喜欢探究季节变化的规律。

2. 知道一年分为四季，明白四季变化是自然规律，了解四季的顺序和气候特征。

3. 初步发现四季变化对人们生活造成的影响。

活动重难点：

感受四季变化对人们生活造成的影响。

活动准备：

1. 材料准备：四季变化的视频、人类生活的图片（放风筝、春游、游泳、冰激凌、拾落叶、农民丰收、滑雪、堆雪人、烤火炉）。

2.经验准备:幼儿初步感知过四季的气候特征,知道春天温暖、夏天炎热、秋天凉爽、冬天寒冷等。

活动过程:

一、视频导入,初步感知四季变化对动植物的影响

1.提出问题,激发幼儿兴趣。

教师提问:你们知道现在是什么季节吗?你是怎么知道的?你还知道其他季节是什么样子吗?我们看看视频吧。

2.播放四季变化的视频,了解四季的气候对动植物的影响。

教师提问:刚才你看到了什么?四季的气候有什么不同?你发现动物有哪些变化?植物有哪些变化?

教师小结:春天,天气暖和了,冰雪融化了,小草发芽了,百花盛开了,动物也出来活动了;夏天,天气很热,动物们到处寻找食物,植物生长迅速;秋天是万物成熟的季节,天气开始转凉了,落叶树的树叶枯黄了,动物们开始储存食物;冬天,天气越来越冷,有些地方下雪了,动物们都在运用各种办法度过寒冷的冬季。每个季节的气候都有它的特点,影响着所有的动物和植物。

二、进一步认识四季循环的规律性

1.幼儿分组讨论,四季的规律。

教师提问:四季轮换的规律是什么呢?你喜欢哪个季节,为什么?

2.讨论四季与生活的关系,接龙游戏"我的四季"。

教师:春天到,小朋友接(例:春天百花开,我们去观花……)

夏天到,小朋友接(例:夏天气温高,我们去游泳……)

秋天到,小朋友接(例:秋天天气好,我们去秋游……)

冬天到,小朋友接(例:冬天下雪了,我们去滑雪……)

教师小结:一年有四季,轮换规律是春、夏、秋、冬。四季变换是自然规律,是不能改变的,人们只有适应季节的变化。

三、充分操作，了解四季的季节特征

1.幼儿操作，将人类生活的图片（滑雪、游泳、放风筝、拾落叶等）贴在相应的框内。

教师提问：你能帮帮忙，将这些图片贴在相应的季节框内吗？

2.幼儿互相交流，展示自己的四季分类结果。

教师小结：放风筝、春游的图应贴在春天的框内；游泳、冰激凌、短袖的图应贴在夏天的框里；拾落叶、农民伯伯丰收的图应贴在秋天的框内；滑雪、堆雪人、烤火炉的图应贴在冬天的框内。

活动2：重庆的冬天

活动目标：

1.感受冬天的魅力，了解重庆冬天的特征。

2.尝试梳理出重庆冬天的特征。

3.用完整、连贯的语言分享对冬季的感受。

活动重难点：

尝试梳理出重庆冬天的季节特征。

活动准备：

材料准备：北方冬天的视频、天气预报图。

活动过程：

一、出示天气预报图，发现冬天到了

教师提问：你看过天气预报吗？今天是11月20日，今天天气怎么样？这是前两天的天气情况，看看这几天的温度怎么样？

教师小结：温度很低，表明冬天来临了。

二、调动经验，回顾冬天的季节体验

教师提问：冬天到了，你感觉怎么样？小动物有什么变化，我们的家乡重庆有什么变化？

教师引导语:把你在冬天的发现,和小朋友们说一说。

教师小结:冬天到了,重庆的天气变得寒冷起来,早上起床经常能看见大雾,人们的脸上涂上了厚厚的宝宝霜,穿上了厚厚的棉衣,戴上了围巾帽子和手套,火锅店里的生意也越来越好。重庆的山上一般都会下雪,很多树都掉光了叶子,有些小动物也开始冬眠了。

三、播放视频,拓展对冬天的认识

教师引导语:同样是冬天,北方的冬天和重庆的冬天也是不一样的。我们一起来看看北方的冬天吧!

教师小结:北方的冬天更加寒冷,常会飘起鹅毛大雪,树梢上银光闪闪,山顶上白雪皑皑。人们会在雪地里滑雪、打雪仗。

四、活动延伸:关于冬天,你还想知道什么

教师引导语:冬天还有很多很多的奥秘等着大家去发现……

活动3:雾霾天气

活动目标:

1.关注地球,懂得保护环境的重要性,树立环保意识。

2.了解灾害天气对人们生活和健康的影响,了解雾霾的由来。

3.鼓励幼儿大胆运用语言表达自己对雾霾的看法。

活动重难点:

了解灾害天气对人们生活和健康的影响,了解雾霾的由来。

活动准备:

材料准备:雾霾天气的PPT、雾霾天气预报及成因视频。

活动过程:

一、谈话讨论,感受空气的重要性

教师提问:谁来说一说今天的天气怎么样?应该用哪个图标来表示今天的天

气呢？那其他的标记又表示什么天气呢？

二、观看雾霾天气的PPT，了解各种雾霾天气对人类的影响

1.观看PPT，激发幼儿探究雾霾兴趣。

教师提问：你们看看都是什么样的天气？这种天气用什么天气标记来表示呢？

2.观看雾霾天气预报视频了解雾霾天气标记。

教师引导语：这究竟是一个什么样的天气呢？让我们一起来听听气象专家是怎么说的？

教师提问：你刚刚都看到了什么？原来这是雾霾天气。

3.观看雾霾成因，了解雾霾的由来。

教师提问：你现在知道雾霾是怎么来了吧？

教师小结：空气中聚集的尘埃和微小物质形成了雾霾，影响了能见度，导致很近的地方都看不清楚。

4.了解雾霾的危害。

教师提问：这些微小物质一旦被人吸入体内，会有什么危害呢？

教师小结：一旦被人吸入，就会刺激呼吸道，出现咳嗽、呼吸困难等症状，诱发许多疾病。

三、探究防控雾霾的方法

1.雾霾天气如何保护自己。

教师提问：如果出现雾霾天气，我们出门时应该如何保护自己呢？

教师小结：戴口罩、少出门，不要开窗通风。

2.防控雾霾的方法。

教师提问：我们应该如何保护环境，不让这种恶劣天气产生呢？

教师小结：我们的国家已经采取了一些措施，如有无车日（减少汽车尾气的排放），植树绿化我们的环境，熄灯一小时（节约用电）等，这些都是为了让我们能够呼吸到更好的空气，有更好的生活环境。保护环境，人人有责！

活动4：小动物过冬

活动目标：

1.感受动物过冬方式的神奇，激发幼儿关爱动物的情感。

2.能用比较清晰、流畅的语言表达不同动物的过冬方式。

3.了解动物过冬方式的多样性，理解动物过冬方式与动物身体结构的关系。

活动重难点：

能用比较清晰、流畅的语言表达不同动物的过冬方式。

活动准备：

1.材料准备：动物过冬的图片、书籍《缤纷四季》。

2.经验准备：家长和幼儿一起收集自己喜欢的某种动物的过冬方式的资料，并完成"动物如何过冬"的记录表。

活动过程：

一、问题导入，激发幼儿学习动物过冬方式的兴趣

教师提问：天冷了，人是怎么过冬的？那你知道，动物又是如何过冬的呢？给你的朋友说一说吧！

二、多种方式，支持幼儿了解动物的过冬方式

1.了解动物过冬方式的多样性。

(1)幼儿分享，介绍动物的过冬方式。

教师提问：谁愿意和大家分享，你知道的动物是如何过冬的？

教师小结：原来，不同的动物有着不同的过冬方式。

(2)倾听故事，进一步学习动物不同的过冬方式。

教师讲故事《缤纷四季》中涉及动物过冬的部分内容，带领幼儿共同学习动物三种不同的过冬方式。

教师提问：刚刚小朋友说了很多过冬方式，那我们再来听一听，故事里的动物又是怎样过冬的。

教师提问：故事里的动物是如何过冬的呢？你还知道哪些动物会冬眠呢？还有哪些动物会往南飞？还有哪些动物会储存好食物过冬？

(3)共同总结：动物过冬方式的三种主要形式。

教师和幼儿共同总结动物过冬方式的三种主要形式。幼儿用喜欢的方式填写幼儿记录表。

教师提问：像青蛙这样冬眠过冬的动物还有哪些？为什么？

教师小结：有冬眠、储食过冬和迁移过冬三种主要方式。

2.理解动物过冬方式的特殊性。

(1)启发幼儿思考动物过冬方式不同的原因。

教师提问：有谁知道不同的动物为什么过冬方式不同吗？

(2)组织同伴间讨论。

教师提问：和你的朋友一起讨论一下吧！

(3)教师讲解，师幼共同梳理不同动物过冬方式不同的原因。

教师出示动物过冬图片，共同学习、发现动物过冬方式不同的原因。

教师提问：你知道松鼠最喜欢吃什么吗？冬天里，它囤积的食物多吗？

教师小结：动物们很聪明，为了生存，可以根据自身的特点度过寒冷冬天。身体温度调节能力差的动物会冬眠，如蛇、青蛙、熊……冬季里，食物减少的动物就用储食的办法过冬，如蚂蚁、松鼠、兔子……燕子、大雁等鸟类会迁移到温暖的地方过冬。

三、提问延伸，引导幼儿关注动物保护

教师提问，引导幼儿深入理解动物的生存方式。

教师提问：像青蛙这样需要冬眠的动物，我们能不能在冬天帮助它们找一个暖和的地方呢？我们可以怎么保护它们呢？

教师小结：不干扰动物的生活习惯，保护动物的生活环境。

区域游戏活动

活动1:冬天里的树妈妈

活动目标:

1.有发现并探究冬季植物变化的欲望。

2.知道不同的树的不同过冬方式,区分常绿树和落叶树。

3.大胆运用多种方式探究冬季植物变化的情况。

活动准备:

1.材料准备:梧桐树四季的图片。

2.经验准备:观察过秋天和冬天里的树。

活动过程:

1.幼儿欣赏童话故事《梧桐树妈妈》,观察图片。

2.讨论:梧桐树妈妈为什么会掉树叶呢?

3.拓展:我们生活中有这样的树吗?

活动2:冬天来了怎么办

活动目标:

1.能从不同的方法中了解冬季的气候特征。

2.积极参加冬季运动,不怕寒冷。

活动准备:

材料准备:纸、笔。

活动过程:

1.在冬季的早晨,教师带领幼儿到户外散步,引导幼儿运用多种感官感受冬季的特征。

2.幼儿结合自身的防寒方法以及观察到的周围人们防寒的不同方法，和教师共同讨论，制成小册子。

3.幼儿将“我的防寒小手册”放到活动区，和同伴分享。

活动3：冬季动物棋

活动目标：

1.能大胆讲述自己的发现。

2.进一步了解动物在冬季的自我保护方法，并按照动物的不同过冬方式下棋。

3.能够和同伴按规则依次下棋。

活动准备：

材料准备：冬季动物棋盘、棋子。

活动过程：

幼儿4人一组，每人选择一种颜色的棋子掷点数，点数为几就依次按顺时针方向走几步，走到相应的动物格子，同时说出这种动物过冬的方法。最后，谁最先走到终点“春天”谁就是胜利者。

活动4：夏季植物种子冬季种植

活动目标：

1.知道改变植物生长的环境，植物就能够反季节生长。

2.尝试改变种子生长的环境，进行种植。

活动准备：

1.材料准备：玻璃瓶子或纸杯、塑料薄膜、泥土、夏季生长的植物种子几粒。

2.经验准备：在家里或幼儿园吃过反季节生长的蔬菜。

活动过程：

1.请幼儿从家里带几粒夏季植物的种子和玻璃瓶或纸杯到幼儿园。

2.让幼儿把自己带来的种子种到泥土里，紧紧地覆盖上塑料薄膜，然后在塑料薄膜上扎几个小眼。

3.定期观察塑料薄膜覆盖下的夏季植物种子是否发芽。

大班下期科学活动

主题一 土壤的秘密

主题说明

幼儿科学教育的首要任务是激发幼儿对周围事物的好奇心、认知兴趣和探索欲望。而本活动的探索对象——土壤，对孩子们来说，更是具有极大的吸引力。在他们眼里，随处可见的土壤是那么的神奇又是那么的神秘。土壤里究竟有些什么？为什么植物和动物都可以在其中生存？对此，教师针对我班幼儿的年龄特点与知识经验积累，设计并开展该活动，旨在通过观察、比较及操作活动，带领幼儿探寻土壤的秘密，走入神奇的土壤世界。同时，通过对土壤的探索，引导幼儿建构延续的、系统的、自主的知识学习体系，为其今后的经验获得和知识学习奠定基础。

图1-1 蚂蚁在哪里

图1-2 收集土壤

主题	集中教育活动	区域游戏活动
土壤的秘密	活动1:不同的土壤	活动1:收集土壤
	活动2:蚂蚁	活动2:寻找蚂蚁
	活动3:蚯蚓的秘密	活动3:饲养蚯蚓
	活动4:土壤里面有什么	

主题目标

1.喜欢大自然,乐于探索土壤的秘密。

2.能多感官观察,深入感知土壤的特点。

3.知道土壤中有水分、空气和腐烂物,能够提供植物生长需要的营养。

集中教育活动

活动1:不同的土壤

活动目标:

1.喜欢大自然,乐于探索土壤的秘密。

2.能多感官观察,深入感知土壤的特点。

3.初步了解土壤的分层及其不同的特点。

活动重难点:

初步了解土壤的分层及其不同特点。

活动准备:

材料准备:小杯子、小勺子,铁锹;土壤剖面图;介绍土壤作用的PPT。

活动过程:

一、带领幼儿到种植园收集土壤

每人一个小杯子、小勺子、铁锹,自由收集土壤。

教师引导语:孩子们,带上我们的工具,一起到种植地里找找泥土,把它收集到我们的杯子里吧。

教师提问:仔细观察,你的土壤是什么样子的?闻一闻、摸一摸,有什么样的感觉?和你的朋友交流一下吧!

教师小结:我们每个人采集的土壤颜色、硬度、味道都不一样!

二、观察剖面图

展示三层土壤,从上往下依次为表土层、心土层和底土层。

教师引导语:那同一块土壤会有不同吗?请你仔细看看土壤的结构图。找你的朋友说一说。

教师小结:我们一起看看,土壤每一层的颜色会有不同。从上往下看,第一层是表土层,此层疏松、营养丰富,适合植物生长;第二层为心土层,土壤紧实,能够保护土壤中的水分不流失;底土层,此层营养物质较少,土壤最紧实,根系分布很少。土壤一共有三层,每一层都有自己不同的特点和作用。

三、土壤的作用

1.提出问题,自由交流。

教师提问:刚刚我们知道了,土壤可以供给营养,支持植物生长。你还知道它有什么作用吗?

2.观看PPT,提升经验。

教师提问:这是什么,它们是用什么做的?你是怎样知道的?

教师小结:土壤还可以用来制作陶器、雕塑、砖以及建造土墙房屋。

活动2：蚂蚁

活动目标：

1.能有目的性地观察蚂蚁，对蚂蚁的生活习性感兴趣。

2.能用自己独特的方式记录关于蚂蚁的发现。

3.知道蚂蚁是群居动物，了解蚂蚁的生活环境和生活习性。

活动重难点：

了解蚂蚁的生活环境以及不同蚂蚁的职责分工。

活动准备：

1.材料准备：蚂蚁食物（饼干、糖）若干；放大镜、微型相机、记录纸和有关蚂蚁图书、蚂蚁结构图。

2.环境准备：事先选择好蚂蚁多的地方。

活动过程：

一、谜语导入，激发兴趣

谜语：排队地上跑，身体细又小，做事最勤劳，纪律第一好。

教师引导语：听一听，谜语里说的是谁。

教师提问：你知道，蚂蚁是什么样子的吗？

二、寻找蚂蚁，观察外形、活动

1.户外寻找蚂蚁（出示蚂蚁食物）。

带领孩子来到户外寻找蚂蚁。

教师引导语：那我们带上自己的工具，放大镜、记录纸，一起到种植地找找它们吧！并把你的发现记录在纸上。

2.观察蚂蚁活动。

教师提问：观察蚂蚁长什么样子，它在干什么？

三、分享发现(出示蚂蚁结构图)

1.分享蚂蚁的外形特征。

教师提问:蚂蚁长什么样子呢,谁愿意和大家一起来分享一下呢?

教师提问:你观察到的蚂蚁也是这样的吗?还有小朋友愿意来补充吗?我们一起来看看图片吧!

教师小结:蚂蚁包括头、胸、腹三部分。头部有眼睛、触角、嘴巴。胸有三对对称的足。

2.分享蚂蚁的生活习性、分工。

教师提问:你们知道蚂蚁的家里都有谁吗?它们分别是做什么的。

教师小结:蚂蚁最爱温暖潮湿的土壤。一般会在地下筑巢,巢穴的规模非常大,有着良好的排水、通风系统。出入口大多是一个拱起的小土丘,像火山那样中间有个洞。蚂蚁也有不同分工,蚁后负责产卵和繁殖后代;工蚁负责建造巢穴、寻找食物;兵蚁负责保护巢穴和同伴。

活动3:蚯蚓的秘密

活动目标:

1.萌发爱护蚯蚓的情感,形成初步的环保意识。

2.尝试使用工具仔细观察并探索蚯蚓的身体结构和特征。

3.初步了解蚯蚓的形态、特征、生活习性及作用。

活动重难点:

初步了解蚯蚓的形态、特征、生活习性及作用。

活动准备:

1.材料准备:《蚯蚓日记》PPT;白纸、水彩笔;小铲子、放大镜。

2.经验准备:见过蚯蚓,知道蚯蚓生活在泥土中;能正确使用放大镜。

活动过程：

一、谜语导入，回顾关于蚯蚓的已知经验

谜语引入蚯蚓，激发幼儿对蚯蚓的探究兴趣。

谜语：细细长长一条龙，天天躲在沃土中。它是庄稼好朋友，钻来钻去把土松。

教师提问：这是什么动物呀？你是怎么知道的？蚯蚓长什么样子呢？

教师小结：蚯蚓长得长长的，生活在泥土中。

二、绘本细读，探索蚯蚓的身体结构、饮食习惯和本领

1.出示PPT中第一封信，了解蚯蚓的身体结构。

教师提问：今天老师还带来了一本有趣的书《蚯蚓的日记》。有一只小蚯蚓会给我们带来一些关于它们的秘密。它就藏在PPT里的三个信封里。让我们来找一找吧！

(1)播放第一页，教师讲述绘本内容。

绘本内容：我们先打开第一封信，戴帽子的这是我，带蝴蝶结的是我姐姐，瞧，我姐姐最爱照镜子了，可是再怎么照，头永远长得和屁股一样。

教师提问：蚯蚓的头和屁股真的一样吗？让我们再仔细看一看吧！

(2)播放第二页，幼儿观察发现蚯蚓的头和尾不一样。

教师小结：原来，蚯蚓的头和尾巴不一样，头有些尖，尾巴有些圆，靠近头的地方有一个环带。

2.出示教学PPT第二封信，了解蚯蚓的饮食习惯。

(1)教师讲述绘本内容，了解蚯蚓没有牙齿。

绘本内容：打开第二封信，蚯蚓来看牙医，可是牙医说，蚯蚓没有牙齿，不必看牙医。

教师提问：蚯蚓有牙齿吗？它吃什么呢？猜一猜？

(2)播放第二页(1～4幅图)，讲述绘本内容，了解蚯蚓吃的食物。

绘本内容：到底猜得对不对呢？我们来让小蚯蚓告诉我们。爸爸最喜欢吃报纸，而我经常把我的作业给吃掉啦。看看，还有最爱的通心粉，昨天晚上我做了噩梦，妈妈说，睡觉前不可以再吃那么多垃圾了！

教师小结:蚯蚓没有牙齿,它们吃报纸、通心粉、垃圾,除了这些,树叶和泥土也是它们喜欢的食物。

3.出示教学PPT第三封信,了解蚯蚓的本领。

教师讲述绘本内容,了解蚯蚓的本领。

教师提问:接下来,让我们来看第三个秘密。小蚯蚓在干什么? 小蜘蛛在奇怪什么呢?

绘本内容:今天我在地里松土,小蜘蛛觉得好奇怪。它哪里知道,这可是我的工作哦。

教师小结:原来蚯蚓的本领是松土呀,松土对植物的生长很有好处呢,会让植物的根更好地呼吸到氧气!

三、完整阅读,巩固并进一步探索蚯蚓的秘密

1.出示教学PPT,完整阅读绘本《蚯蚓的日记》。

教师完整讲述绘本内容,进一步探索蚯蚓的秘密。

教师提问:蚯蚓的秘密,你们知道了吗? 是什么呢?

教师小结:蚯蚓有3个秘密,蚯蚓的头和尾巴是不一样的;蚯蚓没有牙齿,以各种垃圾、泥土为食;蚯蚓有松土的本领。

2.画蚯蚓,加深对蚯蚓的认识。

出示纸和笔,画蚯蚓,进一步加深对蚯蚓的认识。

教师提问:你能画一画蚯蚓吗,记得画出蚯蚓的3个秘密哦!

四、延伸拓展,观察感知真实的蚯蚓

1.选择合适的观察工具、进行集体小组研究。

教师提问:请你想一想,我们可以怎样找到蚯蚓,要借助什么工具来观察呢?

2.寻找蚯蚓,多感官感知蚯蚓。

找到蚯蚓后,幼儿看一看、摸一摸、闻一闻,多感官感知蚯蚓的特点。

教师提问:你是怎么找到蚯蚓的? 你找到的蚯蚓长什么样子? 有什么味道吗? 摸起来怎么样? 如果不小心弄断了它的身体,它会怎么样?

活动4:土壤里面有什么

活动目标:

1.对土壤里有什么保持好奇心。

2.能按步骤,大胆进行土壤实验。

3.知道土壤中有水分、空气和腐烂物,能够给植物生长提供需要的营养。

活动准备:

材料准备:土壤、水、玻璃杯、纸巾、石棉、酒精灯。

活动过程:

一、提出问题

教师引导语:小朋友,老师今天带来了一些土壤,你知道它里面都有些什么呢?

二、实验操作

1.水分实验。

幼儿取一些土壤,用纸巾包起来,用手紧紧按压一下,过一会儿,会发现纸巾湿了。

教师引导语:小朋友们请跟着我一起来做第一个小实验。取一些土壤,用纸巾包起来,用手紧紧按压一下,仔细观察一下纸巾,你发现了什么?

教师小结:这说明土壤里有水分。

2.空气实验。

每组幼儿取一个透明的玻璃杯,装大半杯水,然后将一抔泥土放进水杯,观察杯子里的现象。

教师引导语:咱们一起来操作第二个实验。取一抔泥土放进水杯里,大家注意观察杯子,会发生什么现象呢?

教师小结:土壤里会有空气。

3.腐败物实验。

教师取一些土壤,放在酒精灯上加热。

教师引导语:接下来,请大家仔细观察第三个小实验。取一些土壤,放在酒精灯上加热。你发现了什么?

教师小结:冒出的烟是因为土壤中有草、树叶等各种腐败物,这些腐败物可以转换为植物生长的营养。

三、经验拓展

家园活动,拓展幼儿的经验。

教师引导语:土壤里还有些什么,请回家和爸爸妈妈一起查找资料,寻找土壤更多的秘密吧。

区域游戏活动

活动1:收集土壤

活动目标:

1.能够利用各种工具,尝试收集土壤。

2.体验收集土壤的乐趣,养成仔细观察的习惯。

活动准备:

材料准备:铁锹、耙子、镊子、手套、木棍、盒子。

活动过程:

1.选一选。

出示工具,引导幼儿大胆猜测它们的作用。

教师提问:这些都是什么?你觉得它有什么作用?

2.挖一挖。

在教师的指导下,幼儿尝试收集土壤。在此过程中,幼儿逐步明白合理使用工具的重要性。

3.比一比。

把收集到的土壤进行比较,观察土壤的颜色和里面的小动物、植物等。

活动2:寻找蚂蚁

活动目标:

1.能够利用放大镜,仔细观察蚂蚁的外形特征。

2.能比较耐心地观察,尝试发现身边的环境中哪里有蚂蚁。

活动准备:

材料准备:移栽工具等。

活动过程:

1.选一选。

出示移栽工具,引导幼儿大胆猜测它们的作用。

教师提问:我们去寻找蚂蚁,你认为会用到哪些工具?

2.找一找。

带领幼儿在幼儿园所在的小区或幼儿园种植地里找一找。

教师提问:小朋友,你知道蚂蚁是什么样子的吗?我们应该到哪里去找它?

活动3:饲养蚯蚓

活动目标:

1.对蚯蚓有观察和养殖的兴趣。

2.能有目的地观察蚯蚓。

活动准备:

材料准备:土壤、大玻璃缸、蚯蚓等饲养蚯蚓的工具;树叶、菜叶、果皮等食物、记录本。

活动过程:

1.说一说。

出示蚯蚓,引导幼儿表达自己的兴趣。

教师提问:蚯蚓已经住到我们班里来了,你对它的什么地方最感兴趣?

2.看一看。

引导幼儿每天有目的地观察蚯蚓。

教师引导语:带着你的问题,每天都去看看蚯蚓吧!

3.记一记。

教师引导语:记得把你的发现记录下来哟!

主题二 探秘动植物

主题说明

大班幼儿对春季有了更敏锐的感知,他们明显发现了植物和动物在这时发生的变化!他们想更深入地了解植物、动物在春季发生的持续性变化以及变化产生的原因。《幼儿园教育指导纲要(试行)》中明确规定:"教师应成为幼儿学习活动的支持者、合作者、引导者"。教师应敏锐地捕捉到孩子们在日常生活中新的关注点、兴趣点和发展需要,适时、适宜地组织活动培养孩子的好奇、好问、乐于探索的精神等。于是,我们开展了探秘春季动植物变化的主题活动。

图2-1 给蚕喂食

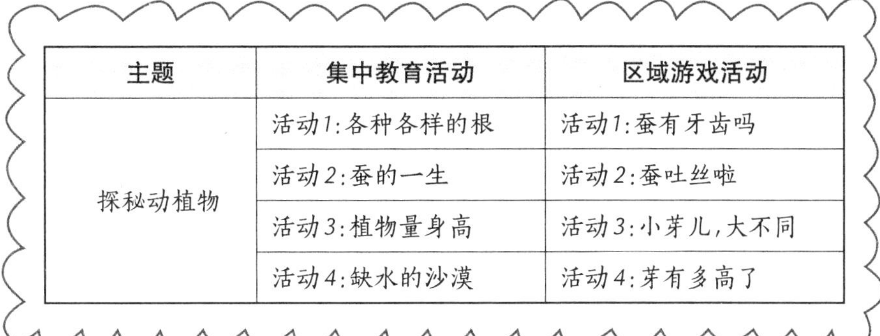

主题	集中教育活动	区域游戏活动
探秘动植物	活动1:各种各样的根	活动1:蚕有牙齿吗
	活动2:蚕的一生	活动2:蚕吐丝啦
	活动3:植物量身高	活动3:小芽儿,大不同
	活动4:缺水的沙漠	活动4:芽有多高了

主题目标

1. 对植物的根感兴趣,感受和理解根的重要性。

2. 通过喂养蚕宝宝,喜欢照顾小动物以及对蚕宝宝的生长过程有初步的认识。

3. 尝试能利用塑料瓶的形状特点,设计测量植物生长变化过程的测量瓶,解决生活中的实际问题。

集中教育活动

活动1:各种各样的根

活动目标:

1. 对植物的根感兴趣,感受和理解根的重要性。
2. 尝试用多感官观察,比较全面地发现直根和须根的形态特征。
3. 知道植物的根是多种多样的,初步了解根的作用。

活动重难点:

尝试用多感官观察,比较全面发现直根和须根的形态特征。

活动准备:

1. 材料准备:植物枯萎的视频、介绍根的作用的PPT;直根、须根教学大图;大蒜根、大豆根,放大镜。

2.经验准备:在活动区中有观察过稻谷和大豆的根。

活动过程:

一、提问导入,激发幼儿探究欲望

1.播放视频,思考植物枯萎的原因。

教师提问:视频里的植物怎么了?你觉得它为什么会枯萎呢?

2.继续播放视频,引发对植物的根的关注。

教师提问:植物枯萎的原因到底是什么?我们一起来看看视频吧。

教师小结:原来是根烂掉了,所以植物枯萎了。

二、学习交流,了解植物根的作用

观看图片,思考根对植物的作用。

1.教师提问,引发幼儿思考根对植物的作用。

教师提问:根烂了后,植物为什么会枯萎呢?那你知道植物的根到底有什么用吗?

2.出示图片,直观感受根对植物的作用。

教师提问:咱们一起来看看图片,你发现根有什么作用呢?

教师小结:任何植物的生长都离不开根。它们深深地扎在泥土里,将植物固定在泥土里,防止被狂风暴雨破坏。同时,它们也可以吸收土里的水分、养料,运输到植物的各个部分,供植物生长。

三、多感官参与,发现并探索植物根的不同形态

1.观察直根和虚根的不同形态。

(1)分组投放大豆根、大蒜根,鼓励幼儿多感官观察。

教师提问:请你们用观察工具,仔细看一看、摸一摸、闻一闻,它们的根是什么样子的?

(2)教师提问,引导幼儿有目的地观察根的不同。

教师提问:它们的根有什么不同吗?

2.交流讨论,尝试发现根的不同形态。

(1)鼓励幼儿自由交流,共同发现根的不同形态。

教师提问:你发现了什么?大豆根和大蒜根,有哪些地方不同呢?和你的朋友交流一下吧!

(2)个别幼儿面向集体交流,引发全体幼儿思考。

教师提问:谁愿意把你的发现告诉我们,一起来分享一下吧!

教师提问:你们同意他的想法吗?你认为还有什么需要补充的地方吗?

3.集体学习,深入了解根的形态特征。

(1)出示直根、须根教学大图,直观了解根的形态特征。

教师提问:大豆和大蒜的根不同,我们一起看看这边的图片吧!左边是大豆的根,右边是大蒜的根。很明显,我们可以看到大豆的根,中间竖着的根是粗且直的,边上的根都非常的细长。而大蒜的根,全部都是细细长长的,像胡须一样。

(2)梳理提升经验,整体了解直根、须根的不同。

教师小结:植物的根虽然形状各异,但只有两种。一种就像大豆根一样,有一个很粗直的根,叫作主根,其他的根都很细长,这样的根叫作直根。另一种就像大蒜,都是细长的,没有主根,这种根叫须根。

四、运用经验,辨别生活中常见的植物根

教师提问:来看看,图片上哪些植物是直根,哪些是须根。

活动2:蚕的一生

活动目标:

1.通过回顾养蚕的经历,进一步理解蚕经历的蚕卵、幼虫、蛹、蚕蛾四个发育阶段。

2.能够借助观察记录,清楚连贯地表达自己的观察结果。

3.对喂养活动感兴趣,体验陪伴成长的快乐。

活动重难点：

通过回顾养蚕的经历，进一步理解蚕经历的蚕卵、幼虫、蛹、蚕蛾四个发育阶段。

活动准备：

1.材料准备：蚕的蜕变（蚕卵、幼虫、蛹、蚕蛾）的图片；幼儿已填写好的观察记录表。

2.经验准备：幼儿有连续观察、记录蚕生长过程的经历。

活动过程：

一、图片导入，引导幼儿回顾养蚕过程

出示蚕蛾图片。

教师提问：这是什么？它是怎么来的呢？它是怎么长大的呢？

二、自由交流，梳理蚕的生长过程

1.个别交流。

教师引导语：和你旁边的朋友说一说，蚕蛾是怎么来的呢？

2.集体交流。

教师引导语：有谁愿意和大家说一说，蚕蛾是怎么来的？带上你的观察记录表说说吧！

教师小结：原来，蚕会经历蚕卵、幼虫、蛹、蚕蛾这四个阶段，而每个阶段它的外形、习性都会有很大的变化。

三、集体回顾，呵护蚕的生长发育

教师提问：那在这四个阶段，我们都是如何照顾蚕宝宝的呢？

教师提问：幼虫它吃什么呢？你是怎样喂它的？你有什么样的想法？

教师提问：蚕是如何结茧的？在茧里，蚕是什么样子的？蚕蛾从茧里出来，变成什么样子的了？

教师小结：蚕的成长离不开每位小朋友的悉心照顾。

四、活动延伸：继续了解其他动物的生长发育

教师提问：还有一些小动物也是这样的，它们刚出生和长大的样子完全不同，你知道吗？一起和爸爸妈妈去发现吧！

活动3:植物量身高

活动目标:

1.对种子的生长过程有持续观察和记录的兴趣。

2.能利用材料的形状特点,设计测量植物生长变化的尺子。

3.尝试使用多种工具进行制作。

活动重难点:

能利用材料的形状特点,设计测量植物生长变化的尺子。

活动准备:

1.材料准备:矿泉水、饮料等废塑料瓶(剪掉瓶口处)、木棍、吸管等;剪刀、纸、笔、种子、泥土;各式尺子的图片。

2.经验准备:观察过测量人体高度的工具。

活动过程:

一、引发联想,思考设计

1.提问引发幼儿思考。

教师提问:春天来了,种子发芽啦!怎样才能很容易又很方便地观察种子发芽的情况呢?

2.观看各式尺子。

教师提问:仔细观察各种尺子,它们都有哪些部分,各有什么用处?

教师小结:尺子适合观察、记录种子的发芽、生长情况。尺子,都有长长直直的身体,底部有起点线,表示测量的起点。身体上有相等的刻度和数字,表示不同的高度。

二、自由讨论,设计尺子

1.讨论:什么样的材料适合制作。

教师提问:什么样的材料,适合制作尺子?

教师小结:材料要长长直直的,便于做刻度和记号,同时还要防水、要结实。

2.交流:你会设计什么样的尺子。

教师提问:你会用什么材料,设计什么样的尺子?找你的朋友说一说。

3.动手:制作尺子。

(1)制作。

鼓励幼儿选择自己喜欢的材料和工具,制作尺子。

(2)指导。

观察幼儿的设计目的是否明确,适时帮助幼儿边设计边做;提醒幼儿检查自己的测量瓶,是否方便观测、记录,做适当的补充、改进。

三、自由观察,使用尺子

将尺子放到班级自然角中,幼儿用尺子去观测植物的生长变化。

教师提问:你的植物有变化了吗?有什么变化?你是怎样知道的呢?

活动4:缺水的沙漠

活动目标:

1.有了解和探索沙漠特征的兴趣。

2.初步了解沙漠干旱缺水的特点。

3.会大胆动手实验,证实自己的猜想。

活动准备:

1.材料准备:透明塑料瓶若干(瓶底打孔,装上泥土和沙瓶子数量各一半);盆子;沙漠视频;治理沙漠的视频。

2.经验准备:参加过玩沙活动。

活动过程:

一、教师提问,引发幼儿思考

播放沙漠视频,引发幼儿思考。

教师提问:这是什么地方?什么是沙漠?

教师提问：你去过沙漠吗？沙漠给你什么样的感觉？沙漠最缺的是什么？

教师小结：沙漠有着一望无际的沙子，是很干燥、很热、很缺水的地方。

二、操作实验，验证沙漠猜想

1.猜想：沙能保住水吗。

教师提问：你知道，沙漠为什么缺水呢？沙，真的不能留住水吗？为什么呢？

2.实验：沙能保住水吗。

教师引导语：接下来，我们要进行实验了。老师为每个人提供了沙、土和一个底部有孔的瓶子，你要怎样做实验，才能知道它们能不能留住水呢。

教师提问：试一试！你成功了吗？你是怎样做的？

3.交流：沙能保住水吗。

倒进土里的水渗出很少，倒进沙里的水渗出很多。

教师小结：与土相比，沙只能留住一点点水。

三、畅想：沙漠如何变绿洲

播放视频，小组讨论：沙漠能不能变成绿洲。

教师提问：沙漠能变绿洲吗？视频里用了哪些方法把沙漠变成绿洲？你还有其他的方法吗？

区域游戏活动

活动1：蚕有牙齿吗

活动目标：

1.对小动物产生浓厚的兴趣，知道关心和爱护小动物。

2.根据自己的疑惑，有目的地观察蚕的进食情况。

活动准备：

材料准备：蚕宝宝、桑叶。

活动过程：

1.喂一喂、看一看、听一听。

教师提问：好多孩子都问我，蚕宝宝有牙齿吗？很不错的问题！

教师提问：但是，这个问题需要你们自己去发现哟！

教师提问：什么时候去观察，才知道蚕宝宝有牙齿呢？

教师提问：你会喂食吗？

2.说一说，你发现了什么。

教师提问：你发现蚕宝宝是怎么吃桑叶的。

教师提问：它有牙齿吗？

活动2：蚕吐丝啦

活动目标：

1.对小动物产生浓厚的兴趣，知道关心和爱护小动物。

2.能仔细观察蚕吐丝时，蚕的生长状态和丝的样子。

3.乐于与同伴交流自己的发现。

活动准备：

材料准备：即将吐丝和正在吐丝的蚕宝宝、桑叶。

活动过程：

1.看一看。

教师引导语：今天，萌萌惊喜地告诉我，蚕吐丝了！请你仔细观察，蚕吐丝时是什么样子的，吐出的丝又是什么样子的。

2.说一说，你发现了什么。

教师提问：你发现蚕宝宝是怎样吐丝的，它的身体发生了什么样的变化。

教师提问：吐出的丝又是什么样子的呢？

活动3：小芽儿，大不同

活动目标：

1.了解种子发出芽儿的生长情况和过程，如长度、粗细、颜色、弯曲度等。

2.能够将种子的发芽状态比较完整地记录下来。

3.愿意表达自己的发现。

活动准备：

材料准备：操作记录卡、发芽的种子（浸泡4天后）。

活动过程：

1.种子发芽儿啦！

引导幼儿通过对比观察，发现芽儿的生长有所不同。并鼓励幼儿尝试将这些发现在小组自由交流。

教师提问：你发现什么啦？发出的芽儿是什么样子的？花生的芽儿和绿豆的芽儿一样吗？和小朋友讲讲你的发现吧！

教师小结：芽儿有长度的不同，粗细的不同，颜色也不同，有的还是弯弯的，样子也不同。小芽儿，大不同。

2.芽儿长什么样？

引导幼儿将自己的发现，记录在表格里。

活动4：芽儿有多高了

活动目标：

1.能利用多种材料（如绳子、毛线、毛根、自制尺子）测量芽儿的高度。

2.感受和理解生命个体成长的差异性。

活动准备：

材料准备：绳子、毛线、毛根、自制尺子若干、剪刀若干、操作卡、发芽的种子（浸泡7天后)。

活动过程:

1.说一说。以"你知道芽儿有多高了"的提问引发幼儿思考,说一说自己的方法。

教师提问:呀,小芽儿长得好高了呀!可是到底有多高呢?

教师提问:你准备用什么办法测量小芽儿有多高呢。有什么材料可以帮助到你吗?怎么量?

2.量一量。引导幼儿用自己选择的材料,用正确的方法量量小芽儿的高度。

3.贴一贴。引导幼儿将材料粘贴到表格里进行记录。

主题三 力的大集合

主题说明

我们发现，大班幼儿对周围各种事物、现象的兴趣和探究欲望明显增强，为了让他们感知看不见、摸不着的“力”，本主题活动注重从幼儿的实际生活经验出发，对“力”的初步探索创造一个宽松的环境和氛围，提供幼儿身边丰富而熟悉的材料、器械，让每一个幼儿都有机会参与、尝试与探究。

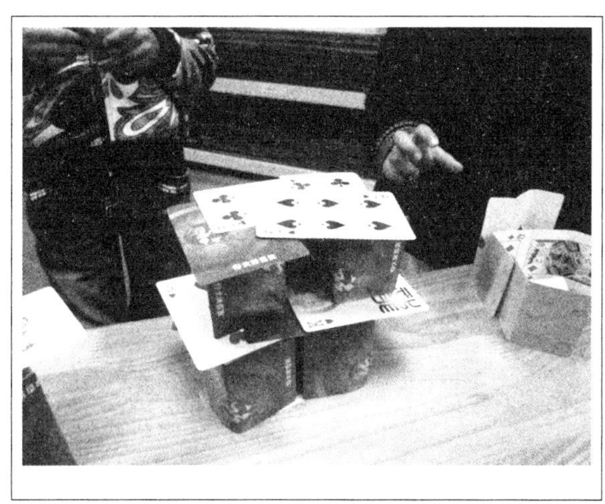

图3-1 纸牌变变变

主题	集中教育活动	区域游戏活动
力的大集合	活动1:重庆的桥	活动1:折叠小纸片
	活动2:结实的小纸桥	活动2:纸的力量大
	活动3:谁的力量大	活动3:磁铁家族
	活动4:纸牌变变变	

主题目标

1.感受造桥工程师的创造力和社会科技的进步。

2.通过尝试、对比,探究并发现改变纸的承载力的方法。

3.大胆探索纸牌站立和建构的各种方法,培养创造性思维和实践操作能力。

集中教育活动

活动1:重庆的桥

活动目标:

1.感受造桥工程师的创造力和社会科技的进步。

2.知道重庆有各种各样的桥,了解桥的功能。

3.能用自己的语言描述看见过的重庆的桥的外形、材料和用途。

活动重难点:

感受造桥工程师的创造力和社会科技的进步。

活动准备:

材料准备:重庆的桥的照片;重庆的桥的介绍视频;大型积木。

活动过程：

一、回忆各种各样的桥

教师提问：小朋友，你们见过桥吗？见过什么桥？在哪儿见的？它是什么样子的？给大家讲一讲。

教师引导语：小朋友都见过这么多桥啊。今天，老师还带来了重庆很多桥的图片，看看有没有你见过的。

教师提问：图片上的桥是什么样的？你们认识吗？

教师小结：我们重庆有很多桥，是全国著名的桥都。因为重庆桥的数量多、造型美、建造难度大。

二、认识各种各样的桥

边看视频边简单讲述，幼儿了解桥的名称。

教师提问：刚才你都从大屏幕上看到了哪些桥？你最喜欢哪一座呢？它是什么样子的？朋友仔细看一看这些桥都是架在哪里？如果没有这些桥会怎么样呢？

教师小结：鹅公岩大桥、菜园坝大桥、东水门大桥，这些都是重庆很了不起的桥。有的是斜拉桥、有的是轻轨、公路共用桥。这些桥架在长江或者嘉陵江的上面，为了人们安全方便地过江。

三、了解桥的发展过程

教师引导语：我们一起来分享一下桥的发展历程。看看视频，看看古时候的桥和现在的桥一样吗？

四、游戏活动——搭桥

教师提问：随着科技的发展，肯定会有更先进的桥出现。小朋友，你们想不想设计大建一座大桥啊？好，那就快动手吧！用大型积木搭建自己设计的桥。

活动2:结实的小纸桥

活动目标:

1.积极参与,获得成功建造纸桥的成就感。

2.大胆探索,运用多种方法改变纸的承重力。

3.知道改变形状和增加厚度能提高纸的承重力。

活动重难点:

运用改变形状和增加厚度的方法改变纸的承重力。

活动准备:

1.材料准备:卡纸、牛皮纸、瓦楞纸;高矮相同的积木,砝码;操作记录卡。

2.经验准备:了解桥的构造:认识桥面和桥墩;认识不同类型的纸。

活动过程:

一、创设情境,猜想什么纸最适合做桥面

创设"桥面选拔赛"的故事情境,引导幼儿猜想什么纸最适合做桥面。

教师提问:负责建造某大桥的工程师准备举行一个"桥面选拔赛",要选出最结实的桥面。卡纸、牛皮纸、瓦楞纸听说后都来参加比赛了,它们都说自己最结实,最适合做桥面,请你们来当当评委,猜猜哪种纸最适合呢?为什么?

二、操作实验,探索用多种方法改变纸的承重力

1.搭建纸桥,探索三种纸的承重力。

(1)通过提问,回忆桥的结构。

教师提问:一座桥是由哪些部分组成的?最少需要几个桥墩?

教师小结:桥由桥面和桥墩组成,最少需要两个桥墩。

(2)幼儿用三种纸和积木搭建纸桥。

初步感受三种纸的差异。

教师提问:通过看一看、摸一摸,你能告诉我三种纸有什么区别吗?

教师小结:三种纸相比,其中牛皮纸最薄、最软,瓦楞纸最硬、最厚,卡纸的厚薄

和软硬都适中。

建造纸桥，比较不同纸质桥面的不同承受力。

教师提问：你发现哪种纸做的桥面最结实呢？为什么？

教师小结：瓦楞纸做桥面最结实，因为它最硬、最厚。

2.深入探究，探索改变纸承重力的方法。

（1）幼儿讨论，思考让牛皮纸桥变得结实的方法。

出示牛皮纸，引导幼儿思考让牛皮纸桥变得结实的方法。

教师提问：牛皮纸不甘心，它也想做一个结实的桥面；如果不使用其他东西，我们怎样才能让牛皮纸承受更大的重量呢？

教师小结：让牛皮纸也变得更硬、更厚。

（2）通过折叠牛皮纸，建造结实的桥面并记录。

鼓励幼儿用多种折法改变牛皮纸的厚度或硬度，通过比较砝码的个数来比较折叠前后的承重力，并记录在操作记录表中。

教师提问：怎样折才能让牛皮纸变厚、变硬呢？

（3）交流分享，总结纸承重量变大的方法。

教师提问：你的牛皮纸承重量变大了吗？你是怎么折的？

教师小结：可以对折把牛皮纸变硬，还可以折成“WWW”形、U形、工字形、L形，让牛皮纸的承重力得到较大提高。

三、提出问题，产生对纸进行持续探究的兴趣

讨论思考如何做一根结实的纸绳。

教师提问：这里有好多好重的水桶，你能用纸做一根结实的绳子，将水桶提起来吗？回家和你的爸爸妈妈试试看吧！

教师小结：把餐巾纸或其他纸卷折起来，向一个方向拧。注意要顺着纸的纤维走向拧绳，纸的纤维集合在一起，共同抵御了拉扯的力量，这样就能使纸绳提起水桶了。

活动3:谁的力量大

活动目标:

1.大胆动手,体验发现磁力大小不同的快乐。

2.操作中能对比观察,并能用独特的方式记录下自己的发现。

3.探索、发现条形磁铁不同区域磁力的大小。

活动重难点:

操作中能对比观察,发现不同区域磁力的大小。

活动准备:

1.材料准备:磁力运用PPT;条形磁铁的大示意图(半开纸大小,中间部位处理为白色);条形磁铁(5~8cm长)、U型磁铁(5~8cm高)(两种磁铁中间粘贴白色贴纸,教师需自行粘贴),铁质的回形针,操作记录卡。

2.经验准备:孩子初步理解磁铁吸引铁制品的特性。

活动过程:

一、谈话导入,激发幼儿探究兴趣

出示磁铁,激发幼儿探究磁铁的兴趣。

教师提问:你们玩过磁铁吗?你们知道它有什么特点吗?

教师小结:磁铁就是能吸起铁的物体。

二、动手实验,比较不同区域磁力的大小

1.初步尝试发现,鼓励幼儿大胆猜想。

(1)出示材料(每人一块条形磁铁、回形针),尝试发现磁铁的不同部位吸引回形针数量的不同。

教师提问:磁铁宝宝就藏在你们的小椅子下,请你把它拿出来,和它玩玩吧。

(2)教师提问,大胆猜想磁铁三个部位磁力的不同。

教师提问:和磁铁玩游戏时,你发现了什么?磁铁每个地方,吸起回形针的数量有什么不同吗?你认为谁会吸得最多。

教师小结:(结合条形磁铁大示意图)磁铁不同部位吸引回形针的数量可能会有不同。

2.大胆动手实验,鼓励幼儿验证猜想。

(1)出示材料,鼓励幼儿共同梳理实验方法。

教师提问:有的小朋友说蓝色部位吸得多,有小朋友说红色部位吸得多。那到底哪个部位力量最大,吸得最多呢?那我们今天就来玩一玩,比一比,看看“谁的力量大”。

教师提问:怎样才知道谁的力量大呢?怎么证明它吸得多呢?

教师小结:不同部位依次吸同样的物品,谁吸得多谁的力气就大。

(2)出示操作卡,幼儿按照实验方法自主操作,老师巡回指导。

教师提问:孩子们,大胆动起手来,证明自己想法的时间到了!

教师提问:你是怎样实验的?这个部位吸起了几个回形针,那个部位呢?

3.自主交流,鼓励幼儿大胆梳理发现。

(1)小组自由交流。

教师提问:看看你、朋友们的记录卡,不同部位各吸起了多少回形针?和你的朋友说说吧。

(2)师幼共同梳理。

教师提问:你们发现了什么?

教师小结:我们发现,磁铁两头都吸起了很多东西,但是中间位置吸的东西少。磁铁两头吸力强,中间弱。

三、经验迁移,继续发现U形磁铁不同区域的磁力

1.教师提问,引发幼儿思考。

教师提问:你还知道其他磁铁吗?U形磁铁又是哪个部位吸力强呢?

2.新增材料(U形磁铁),幼儿自由操作。

教师提问:让我们再次动手,看看U形磁铁哪个部位会吸起更多的回形针呢。同样,把你的发现也记录在表格里。

3.交流讨论,师幼梳理小结。

教师提问:U形磁铁哪个部位吸得多呢?

教师小结:U形磁铁和条形磁铁一样,都是两头吸力强,中间弱。

四、学习拓展,发现磁力在生活中的运用

播放PPT,了解生活中的磁力运用。

教师提问:生活中很多物体,都运用了磁铁的力量,你知道吗?接下来,我们再一起看看大屏幕里都有哪些物体吧。

活动4:纸牌变变变

活动目标:

1.大胆分享经验,并乐意表达自己的想法。

2.通过玩纸牌,了解并体验通过改变物体形状可以使物体站立得更稳。

3.大胆探索让纸牌站立的各种方法,发展创造性思维和实践操作能力。

活动准备:

材料准备:废旧纸牌若干;塑料筐8个;操作台;相机等。著名建筑物图片(长城、布达拉宫、马来西亚双塔、埃菲尔铁塔、迪拜酒店等)。

活动过程:

一、引入:变出纸牌激发幼儿探索纸牌的兴趣

教师以变魔术的方式变出纸牌。

教师引导语:今天我们要和纸牌玩一个特别的游戏"用纸牌变魔术",你们想看看吗?

二、幼儿初步探索让纸牌站立的方法

1.幼儿猜想讨论,尝试让纸牌站起来。

(1)和朋友讨论一下,试一试有什么办法能让纸牌站起来。

教师提问:请你动脑筋想一想纸牌能站起来吗?

(2)幼儿动手操作并交流讨论让纸牌站立的方法。

教师提问:你用的是什么办法?有不一样的办法吗?

教师小结:借助其他物品的帮忙使纸牌站立的方法有——用手指夹住,放到椅子缝,靠着椅子站起来等等。

通过让纸牌变形使其站立的方法有:折、卷等。

三、探索更多使纸牌变形站立的方法

1.思考操作,尝试发现更多使纸牌站立的方法。

教师提问:怎样找出让纸牌变形站立的办法呢?该怎么做?在操作台上的篮子里有很多纸牌,你想出一种办法就从里面拿出一张纸牌,动手试一试,如果成功了,就请你把作品保留在桌上,看谁想的办法最多,谁的方法最特别。

2.幼儿动手尝试多种操作,教师巡回观察幼儿操作情况。

积极鼓励幼儿讨论交流。

教师提问:你用的是什么办法?是怎么折(卷)的?数一数用了多少种办法?比一比谁的纸牌站立得更稳?

3.再次观察并总结纸牌站立的情况。

教师提问:看看站立的纸牌有什么特点?

教师小结:观察比较各种各样站立的纸牌并用手触摸变形的纸牌感受物体能站"稳"的要素——重心低;接触面积大。

四、幼儿用纸牌进行创造性建构

1.播放PPT,扩展幼儿思维。

呈现纸牌高楼的图片,同时激励幼儿用让纸牌站起来的本领完成挑战——搭纸牌高楼!

教师提问:怎么样站立的纸牌"稳"?怎么样站立的纸牌"高"?怎么搭才能又高又稳?

2.幼儿动手操作,教师巡回指导。

教师提问:你是怎么搭的?

请幼儿介绍自己搭建的纸牌高楼,重点引导幼儿观察、表达他在搭建中应用了哪些变形纸牌。

教师提问:谁的高楼造得最稳?

鼓励幼儿归纳经验并用自己的话概括造高楼的要诀——先搭第一层,第一层站稳后,再平铺一层纸牌,如此重复,这样就可以搭得又高又稳了。

3.出示著名建筑图片,教师对建筑特征进行简单的介绍。

教师提问:你最喜欢哪一幢?为什么?你还想搭建什么样的建筑物?

鼓励幼儿和同伴合作尝试建构不同的建筑,教师巡回指导。

五、展示幼儿作品,边欣赏边评价

1.带领幼儿相互欣赏搭建作品。

重点从幼儿用到的变形技巧、美观度等方面进行评价。

2.鼓励幼儿要敢于动手动脑,在活动区继续搭建更新更美的建筑物。

区域游戏活动

活动1:折叠小纸片

活动目标:

1.在游戏中感受纸片折叠后产生的弹力。

2.乐于探索,感知纸的弹力大小与纸的折叠方法、折叠次数、纸的材质之间的关系,并能用恰当的符号表示。

活动准备:

材料准备:四种材质的纸条:报纸、普通白纸、铅画纸、卡纸。雪花片积木、记录表、笔。

活动过程:

1.引导幼儿折叠纸片,感受纸片产生的弹力。

2.探索同一种纸片采用不同的折叠方法,产生的弹力的大小不同。

3.探索同一种纸片采用相同的折叠方法,不同的折叠次数产生的弹力的大小不同。

4.探索质地不同的纸片，采用相同的折叠方法，相同的折叠次数，产生的弹力的大小不同。

5.观察折叠后的纸片能弹出雪花片的远近来表示弹力的大小，尝试用自己的方式记录结果。

活动2：纸的力量大

活动目标：

1.了解改变桥面厚度、形状与纸桥承重力的关系。

2.通过自我检验及与同伴之间的相互比对，不断探索增加纸桥面承重力的方法。

3.积极动手动脑，体验探索与交流的乐趣。

活动准备：

材料准备：积木桥墩、白纸、笔记本（每份数量相同，用于操作）；记录纸、记录笔。

活动过程：

1.幼儿将两个积木固定成桥墩。

2.用白纸折叠后放在桥墩上做小桥，上面放笔记本。一直放到纸桥承受不起。

3.幼儿继续折叠，再次实验。并将每次的实验结果记录在记录表上。

4.记录折叠的次数和承受的笔记本数。让幼儿知道折叠次数越多，承受的能力越强。

活动3:磁铁家族

活动目标:

1.认识不同种类的磁铁,感知磁铁吸附铁质物体的现象。

2.探索并发现磁铁同极相斥,异极相吸的规律。

3.发展幼儿的观察能力、逻辑思维能力和动手操作能力。

活动准备:

材料准备:各种形状的磁铁;多种材质物品;四种无颜色区分的环形磁铁;两种记录卡。

活动过程:

1.探索材料。

引导幼儿探索材料,并向幼儿介绍不同种类的磁铁及区角材料。(条形、U形、环形,四浮磁环套装。)

2.尝试不同玩法,感知磁铁产生的不同现象。

玩法1:磁铁娃娃朋友。鼓励幼儿动手操作,感知磁铁吸附铁质物体的现象。并完成记录卡1。

教师小结:磁铁能够吸附铁质物体。所以也叫作吸铁石。

玩法2:磁铁家族对对碰!引导幼儿拿一块磁铁和好朋友的磁铁碰一碰感知磁铁的两极,初步了解磁铁具有"同性相斥,异性相吸"的原理。并完成记录卡2。

教师小结:磁铁有两极,当相同的极相碰时就会产生推力,而不同的极相碰时就会产生吸力。

玩法3:磁铁搭高楼。根据磁性原理,用磁铁的斥极搭高楼。请幼儿根据自己的探索结果,说说自己的发现并介绍让磁铁悬浮起来的方法。

3.了解磁性原理在生活中的运用。

鼓励幼儿平时多观察,扩大视野。

主题四 小工具,大用处

主题说明

小小的工具在我们的日常生活中发挥着巨大的作用。请设想一下,如果没有茶杯,我们怎样喝水呢?如果没有汤匙,我们用什么来舀汤?如果没有铅笔,我们如何用文字、图画表达自己的想法呢?没有工具,我们的生活将会变得多么的艰难,小小的工具使我们的生活更加方便,更加丰富。

这些看起来不起眼的小工具,背后隐藏着许多聪明的大发现!因此,在“小工具,大用处”的主题活动中,我们希望带领幼儿去探索这些大发现,与他们分享生活中使用工具的种种经验。我们将鼓励幼儿想一想:每天会使用到的工具有哪些?这些工具怎么使用?如果没有这些工具,该怎么办?并引导幼儿发现生活中的工具,通过创设有趣的活动与实验情境,带领幼儿去探讨工具的原理与功能,将抽象的概念具体化,从而使得幼儿对工具的认识更加深入。

主题	集中教育活动	区域游戏活动
小工具,大用处	活动1:工具小帮手	活动1:工具的分类
	活动2:动物的“工具帮手”	活动2:设计工具箱
	活动3:开核桃的帮手	活动3:核桃宝宝快开门

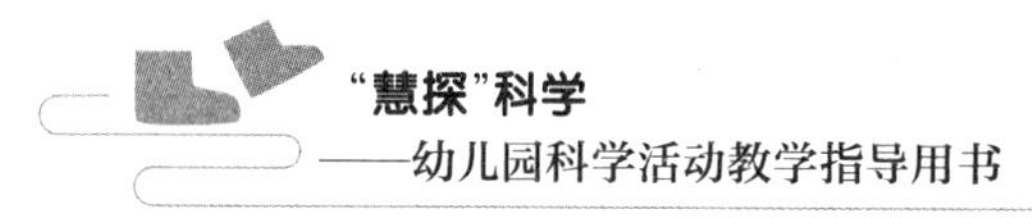

主题目标

1.认识生活中常见的工具并理解工具的基本含义。

2.知道各种动物会使用的"工具",进一步理解工具的作用。

3.掌握常见工具的使用方法,能安全使用工具,并学习用图画等多种方式为工具来记录。

集中教育活动

活动1:工具小帮手

活动目标:

1.认识生活中常见的工具并理解工具的基本含义。

2.大胆寻找和发现教室中常见的工具。

3.用绘画的方式表达对自己对工具的理解。

活动重难点:

认识生活中常见工具并理解工具的基本含义。

活动准备:

材料准备:打死结的装有东西的塑料袋、白纸、笔、安全剪刀。

活动过程:

一、情境表演,引出重点

教师表演塑料袋打不开的情境,对幼儿进行提问。

教师提问:塑料袋打不开,谁可以帮帮我?什么工具可以来帮助我?

教师小结:剪刀可以快速帮助我把塑料袋剪开。

二、理解工具,寻找工具

教师提问:除了剪刀,还有哪些工具可以帮我打开塑料袋?你知道什么是工具吗?

教师小结：刀也可以把塑料袋切开。帮助我们做事情，让我们做事情更方便的东西就是工具。

教师提问：你还知道哪些工具？我们到教室各处去找找吧！

教师引导语：你可以想一想，教室里有哪些区角，我们会在每个区角里做什么事情，会用到哪些东西来帮忙呢，这些东西就是工具。

教师提问：你找到了哪些工具，怎样使用这些工具呢？你还知道我们生活中的哪些工具和它们的使用方法呢？

教师小结：生活中到处的都是工具，让我们的生活更方便、更快捷、更多彩。每种工具都有自己的用处和使用方法。

三、工具主题绘画，分享收获

1.交代规则。

教师引导语：接下来的时间，就请小朋友把你最熟悉、最喜欢的一种工具画下来，请注意画出它的样子，也画出它的功能。

2.自由绘画。

3.相互交流。

教师引导语：把你画的工具和你的朋友说一说呢！

活动2：动物的“工具帮手”

活动目标：

1.知道各种动物的“工具”和作用。

2.进一步理解工具的作用。

活动准备：

1.材料准备：介绍动物的“工具帮手”的PPT。

2.经验准备：幼儿收集动物的“工具帮手”的相关资料。

活动过程:

一、交流经验

教师提问:人类会使用工具,动物会不会使用工具?你知道哪些会使用工具的动物?将自己收集到的资料与小朋友说一说吧。

教师小结:看来呀,动物也会使用工具。

二、共同学习

1. 观看 PPT。

教师引导语:接下来,我们就一起来看看,哪些动物会使用工具。

教师提问:它在干什么?它用什么工具来帮助自己?这些工具有什么作用?

教师小结:动物使用木头、树枝、石头做工具,恐吓敌人,获取食物。

2. 自由交流。

教师提问:动物使用的工具和我们人类使用的工具有什么不同?找你的朋友交流一下。

3. 共同小结。

教师小结:动物使用的都是原始的、简单的、自然的工具,如石头、树枝等。

三、奇思妙想

教师引导语:如果你是小动物,你会用什么工具来抓螳螂、挠背、打开贝壳?

活动3:开核桃的帮手

活动目标:

1. 大胆思考、尝试用各种不同的工具打开核桃。

2. 发现开核桃最便利的工具,深入了解核桃夹的功能。

3. 能比较自主地将自己的猜想和实验结果记录到表格中。

活动重难点:

发现开核桃最便利的工具,深入了解核桃夹的功能。

活动准备：

各种儿童用工具，如剪刀、钉锤、锯子、核桃夹、盅砵等；核桃；操作记录卡、笔。

活动过程：

一、认识核桃

教师提问：你们认识它吗？它叫什么？你们吃过吗？它有什么特点？

教师小结：核桃，外面有坚硬的外壳，里面有可口的果仁。

二、尝试与探索

1.认识工具，出示准备好的各种工具。

教师提问：你认识这些工具吗？都是什么？你认为哪些工具可以打开核桃？把你的猜想记录在表格中。

2.自由尝试用各种工具开核桃，并记录下来。

教师引导语：接下来的时间，就请小朋友去试试，到底哪些工具可以打开核桃呢？把你的发现记录在表格中。

3.师幼共同分享发现。

展示记录表，和幼儿一起分析记录的结果。

教师提问：为什么同样的工具，有些小朋友能打开核桃，有些却不能打开核桃？到底哪些工具可以打开？哪种工具最合适？

教师小结：钉锤、核桃夹、盅砵都可以打开核桃。核桃夹最合适，因为核桃夹是专门剥核桃的工具。

三、分享感受

教师提问：在使用工具时，你有什么发现，或者遇到了什么困难、问题找你的朋友分享一下。

四、分享美味

教师幼儿共同分享打开的核桃。

区域游戏活动

活动1:工具的分类

活动目标:

1.了解生活中常见的工具分类。

2.通过分类等活动巩固对工具的认识。

活动准备:

材料准备:常见的工具的图片或实物;纸;记录卡。

活动过程:

1.工具分类。

出示常见的工具实物、图片,鼓励幼儿根据功能、用途进行分类。

2.分享交流,鼓励幼儿与同伴讲述。

教师提问:上面都有哪些种类的工具?分别是什么工具?它们有什么作用?

活动2:设计工具箱

活动目标:

1.尝试根据示意图,制作工具箱。

2.能够根据工具箱的结构,选取合适的材料进行制作。

活动准备:

材料准备:文具盒、示意图、鞋盒、鞋带、棉线、纸片等。

活动过程:

1.经验回放。

展示文具盒,与同伴交流。

教师提问:工具箱有什么用?是如何实现作用的?

2.动手制作。

鼓励幼儿与同伴共同制作。

教师提问：工具箱有哪些部分呢？用什么材料适合制作呢？

3.展示作品。

教师提问：你设计的是什么工具箱，可以在里面放什么工具？

活动3：核桃宝宝快开门

活动目标：

1.尝试用不同工具继续打开核桃。

2.探索和发现最便利的工具，了解工具的功能的特定性。

活动准备：

材料准备：核桃、各类工具及其图片。

活动过程：

1.工具分类

出示常见的工具实物、图片，鼓励幼儿根据功能、用途进行分类。

2.分享交流

鼓励幼儿与同伴讲述。

教师提问：上面都有哪些种类的工具？分别是什么工具？它们有什么作用？

后 记

国务院印发的《全民科学素质行动计划纲要2006—2010—2020年》中指出："全面推动我国公民科学素质建设……尽快使全民科学素质在整体上有大幅度的提高。"

开展学前儿童科学教育，不仅有利于保护幼儿的好奇心和求知欲，还能够帮助幼儿学到科学的研究方法，提高幼儿分析问题和解决问题的能力，使幼儿形成良好的科学素养，进而为全体公民科学素质的提升打好基础。

现阶段，我国儿童科学教育无论在实践还是研究领域，都还处于一个相对薄弱的阶段。在具体的科学实践中，广大的教育工作者面临诸多的困惑，常常在教学过程中感到不知所措。正是基于这样的背景和基础，近年来，我园一直重视对科学活动的研究，试图弥补科学教育这块短板。

我们以培养幼儿良好的科学素养为目标，以小组学习共同体的形式，在全园尝试开展园本科学课程的研究。值得欣喜的是，在专家和领导的指导下，在教师自身的努力下，研究有效地激发了我园教

师、儿童爱科学、学科学的热情，逐渐形成了内容较为广泛的、具有机关幼儿园特色的科学课程——“慧探科学”课程，并以此为基础编写了本套教学指导用书。

从整体结构上看，本套书设置了小班、中班、大班课程，上、下学期合为一册，共三册。每学期安排十六课时的内容，包括集中教育活动和区域游戏活动。课程内容主要包括有生命物质、无生命物质、自然科学现象、科学技术四个方面。

本套书遵循《3—6岁儿童学习与发展指南》基本精神，充分考虑幼儿的年龄特点与认知规律，反映国际、国内科学教育的最新成果，同时兼顾我园科学教育的实际情况，以培养幼儿科学素养为宗旨，开展学前科学教育。

最后，感谢重庆师范大学郑丽霞教授对本书的撰写给予大量的指导！感谢我园教师邓叶、虞孝愚、王敏力、廖萌盟、潘映竹、胡广萃为本书出版付出的心血！